1.2 Quiero un kilo de...

1 **Encuentra 15 comidas y escríbelas en la tabla.**
Find 15 food items and write them down in the table.

A	I	B	Q	C	P	D	O	E	A	L	L				
F	P	G	A	H	L	I	S	J	H	D	G	K	F	L	G	M	H	N	J
A	M	A	N	Z	A	N	A	S	A	O	U	K	P	B	L	Q	L	Z	J
Z	R	X	O	S	T	C	U	V	R	V	I	S	Y	I	X	U	E	Y	A
U	Z	R	E	A	A	R	B	T	I	C	S	B	A	S	D	N	C	E	M
C	R	F	M	I	N	A	R	A	N	J	A	S	G	T	O	H	H	P	O
A	Q	U	E	S	O	I	A	J	A	S	N	K	D	E	A	L	E	F	N
R	M	G	N	H	S	O	J	P	K	Q	T	L	R	C	Z	T	X	S	C
T	V	U	C	H	O	R	I	Z	O	V	E	B	X	N	Y	W	A	Z	M
Q	E	Z	A	N	A	H	O	R	I	A	S	R	D	T	U	Y	A	P	U

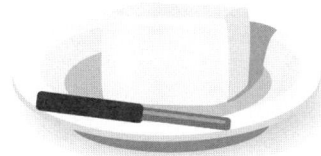

fruta	verduras	lácteos	ingredientes	carne
		mantequilla		

2 **¿De quién son estas cestas de la compra? ¡Cuidado! Sobra una.**
Whose are these shopping baskets? Careful! There is one too many.

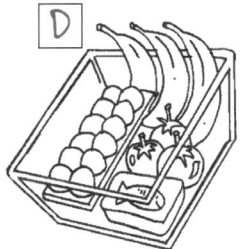 D
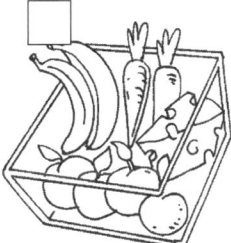
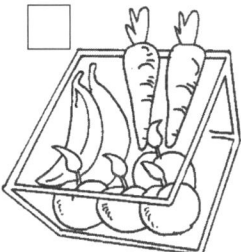

A
– ¡Hola! ¿Qué desea?
– Quiero cinco manzanas y tres plátanos.
– ¿Algo más?
– Sí, un litro de leche y una bolsa de patatas fritas.
– Aquí tiene. ¿Algo más?
– No, ¿cuánto es?
– Son 2 euros 10.

B
– ¡Hola! ¿Qué desea?
– Quiero cuatro manzanas y dos plátanos.
– ¿Algo más?
– Sí, cuatrocientos gramos de queso.
– Lo siento, no tenemos queso. ¿Algo más?
– Sí, un kilo de zanahorias.
– Son 2 euros.

C
– ¡Hola! ¿Qué desea?
– Quiero 2 litros de leche y 100 gramos de queso.
– ¿Algo más?
– Sí, dos manzanas y una barra de pan.
– Aquí tiene. ¿Algo más?
– No, ¿cuánto es?
– Son 3 euros 25 céntimos.

D
– ¡Hola! ¿Qué desea?
– Quiero una docena de huevos y tres plátanos.
– ¿Algo más?
– Sí, una lata de sardinas.
– Aquí tiene. ¿Algo más?
– Sí, un kilo de tomates.
– Son 3 euros 35.

3 **Mira esta cesta de la compra. En la página 13, escribe la conversación entre el dependiente y el cliente.** *Look at this shopping basket. On page 13, write out the conversation between the shop assistant and the customer.*

cinco **5**

1.3 En un café

La comida

1 **Encuentra cosas que puedes pedir en una cafetería. Escríbelas en la columna apropiada.**
Find items that you would order in a café. Write them down in the correct column.

un/unos	una/unas
un refresco	

Hidden words: botella de agua, aceitunas, café con leche, tapas, limonada, ensalada, café solo, ración de tortilla, bocadillo de jamón, refresco, patatas

2 **Esta conversación parece un poco mezclada. Ponla en el orden correcto.**
This conversation appears a little mixed up. Reorder it so that it makes sense.

☐ **María José:** Gracias, ¿nos trae la cuenta por favor?
☐ **Camarera:** Siéntense aquí. ¿Qué van a beber?
☑ **María José:** Buenas tardes. ¿Tiene una mesa para tres?
☐ **Camarera:** Aquí tienen. ¡Que aproveche!
☐ **María José:** Para mí un té con limón.
☐ *The waiter returns with the food and drinks.*
☐ **Camarera:** ¿Y para usted, señor?
☐ **Camarera:** Son cinco euros veinticinco céntimos.
☐ **Camarera:** En seguida.
☐ **Francisco:** Quiero un café solo y un refresco para el niño.
☐ **María José:** Para nosotros unas aceitunas y para el niño unas patatas fritas.
☐ **Camarera:** ¿Algo para comer?

3 **Mira la ilustración. Imagina y escribe la conversación en esta cafetería.**
Look at the picture. Imagine and write the conversation that took place in this café in the space on page 13.

6 *seis*

Great Clarendon Street, Oxford OX2 6DP

Oxford University Press is a department of the University of Oxford.
It furthers the University's objective of excellence in research, scholarship,
and education by publishing worldwide in

Oxford   New York

Auckland   Cape Town   Dar es Salaam   Hong Kong   Karachi
Kuala Lumpur   Madrid   Melbourne   Mexico City   Nairobi
New Delhi   Shanghai   Taipei   Toronto

With offices in

Argentina   Austria   Brazil   Chile   Czech Republic   France   Greece
Guatemala   Hungary   Italy   Japan   Poland   Portugal   Singapore
South Korea   Switzerland   Thailand   Turkey   Ukraine   Vietnam

Oxford is a registered trade mark of Oxford University Press
in the UK and in certain other countries

© Michelle Armstrong and Maria Isabel Isern Vivancos 2007

The moral rights of the authors have been asserted

Database right Oxford University Press (maker)

First published 2007

All rights reserved. No part of this publication may be reproduced,
stored in a retrieval system, or transmitted, in any form or by any means,
without the prior permission in writing of Oxford University Press,
or as expressly permitted by law, or under terms agreed with the appropriate
reprographics rights organization. Enquiries concerning reproduction
outside the scope of the above should be sent to the Rights Department,
Oxford University Press, at the address above

You must not circulate this book in any other binding or cover
and you must impose this same condition on any acquirer

British Library Cataloguing in Publication Data

Data available

ISBN- 978-0-19-912635-4
10 9 8 7 6 5 4 3 2

Page make-up by Michael Spencer

Printed in Great Britain by Ashford Colour Press Ltd., Gosport

Acknowledgements

The authors would like to thank the following people for their help and advice:
Pippa Mayfield (course consultant); Victoria Romero Cerro (language consultant);
John Pride (editor of the *Dos* Workbook).

The illustrations are by John Hallett pp4t & b, 15, 16, 19, 25, 28, 34c, 47c, 48, 59;
Stuart Harrison pp5c & b, 7, 8k, l, m, n, 10, 20, 26, 30, 37t, 40t, 46, 49a, 55c, 57;
Stephen Lillie pp6, 9, 14t & c, 27, 37b, 39, 44m, n, 47t, 49b, e, 50t, 54a, 55b;
Michael Spencer pp5t, 8e, f, h, 14b, 24a, c, e, g, j, l, 29, 34b, 44j, k, 50b, 54c, f, h,
56d, f. All other artwork by OUP.

Contents

Tabla de materias

Unit 1
La comida

1.1	Me gusta comer	4
1.2	Quiero un kilo de…	5
1.3	En un café	6
1.4	La comida en España	7
1.5	Entre amigos	8
	Gramática	9
	Reto (*Challenge*)	10
	Vocabulario	11
	Ya sé… *checklist*	12
	Para escribir	13

Unit 2
Me encuentro mal

2.1	El cuerpo humano	14
2.2	Me duele…	15
2.3	Estoy enfermo	16
2.4	¿Qué te pasa?	17
2.5	Entre amigos	18
	Gramática	19
	Reto (*Challenge*)	20
	Vocabulario	21
	Ya sé… *checklist*	22
	Para escribir	23

Unit 3
De compras

3.1	¿Qué llevas?	24
3.2	¿Llevas uniforme?	25
3.3	¿Cuál prefieres?	26
3.4	¿Me queda bien?	27
3.5	Entre amigos	28
	Gramática	29
	Reto (*Challenge*)	30
	Vocabulario	31
	Ya sé… *checklist*	32
	Para escribir	33

Unit 4
¡A divertirse!

4.1	¿Qué películas te gustan?	34
4.2	El cine y la televisión	35
4.3	El fin de semana pasado	36
4.4	¿Qué hiciste el fin de semana pasado?	37
4.5	Entre amigos	38
	Gramática	39
	Reto (*Challenge*)	40
	Vocabulario	41
	Ya sé… *checklist*	42
	Para escribir	43

Unit 5
¡Vámonos de vacaciones!

5.1	¿Qué hay de interés?	44
5.2	¿Adónde fuiste?	45
5.3	¿Qué vas a hacer?	46
5.4	¿Qué hiciste?	47
5.5	Entre amigos	48
	Gramática	49
	Reto (*Challenge*)	50
	Vocabulario	51
	Ya sé… *checklist*	52
	Para escribir	53

Unit 6
El intercambio

6.1	¿Cómo son?	54
6.2	Mi casa es tu casa	55
6.3	Conocer a los amigos	56
6.4	Gracias… lo pasé bomba	57
6.5	Entre amigos	58
	Gramática	59
	Reto (*Challenge*)	60
	Vocabulario	61
	Ya sé… *checklist*	62
	Para escribir	63

1.1 Me gusta comer — La comida

1 **Escribe el tipo de comida apropiado para cada ilustración.**
Write the appropriate type of food for each picture.

a	b	c	d	e	f
	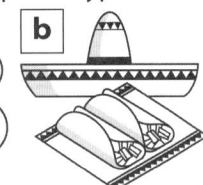				

la comida china _____ _____ _____ _____ _____

2 **Lee el texto y completa la tabla.**
Read the text and fill in the table.

Alcudia, 14 de septiembre

¡Hola Nuria!
¡Tengo tantas ganas de verte! En tu carta me preguntas qué tipo de comida me gusta... Me gusta casi todo: me encanta la comida rápida aunque sé que no es muy sana y me gustan mucho los postres. Tu madre es vegetariana, ¿verdad? A mí la comida vegetariana me da igual porque no me gusta demasiado la carne. Cuando vengo a España me encanta comer tapas y me gustan los bocadillos de chorizo. ¡En Inglaterra no tenemos chorizo! La fruta y la ensalada me dan igual y no me gusta nada la comida mexicana porque pica demasiado para mí.
Bueno, escríbeme pronto y ¡cuídate mucho!
Un abrazo,
Phoebe

3 **Contesta a las preguntas.**
Answer the questions.

1. ¿Te gusta la comida china?
   Sí, sí me gusta la comida china.
2. ¿Te gustan los bocadillos?
   _____
3. ¿Te gusta la ensalada?
   _____
4. ¿Te gusta la comida vegetariana?
   _____
5. ¿Te gusta la comida del colegio?
   _____
6. ¿Te gusta la fruta?
   _____

.4 La comida en España — La comida

1 Escribe el verbo correcto debajo de cada ilustración.
Write the correct verb under each picture.

beber _____ _____

_____ _____ _____

| comer |
| ~~beber~~ |
| tener |
| llevar |
| comprar |
| hacer |

2 Empareja los dibujos con las frases.
Match the pictures to the sentences.

1 Como tortilla española una vez por semana. [c]
2 Voy a llevar refrescos. [ ]
3 Como patatas fritas todos los días. [ ]
4 Bebo refrescos en ocasiones especiales. [ ]
5 Nunca como carne. [ ]
6 Se hace con arroz y carne o pescado. [ ]

3 Imagina una conversación entre dos amigos. Escribe la pregunta o la respuesta según sea necesario.
Imagine a conversation between two friends. Write the question or answer as needed.

1 ¿Comes patatas fritas a menudo?   Sí, como patatas fritas dos veces por semana.
2 _____   No, nunca como carne, soy vegetariana.
3 _____   Como paella a veces.
4 ¿Qué vas a llevar a la fiesta?   _____
5 ¿Vas a ir a la fiesta de Javier?   _____

1.5 Entre amigos — La comida

1 Completa el crucigrama con algunos ingredientes de las tapas españolas.
Complete the crossword with some of the ingredients of Spanish tapas.

2 Problema de lógica: Lee las frases y completa la tabla.
Logic problem: Read the sentences and complete the table.

	Ana	José Manuel	Eloísa
Tapa 1			
Tapa 2			
Total			

> Alguien come queso.   Alguien come jamón serrano.   Una chica come patatas bravas.

1 La chica que gasta 8 euros se llama Eloísa.
2 Quien paga 8 euros no come patatas ni pescado ni marisco.
3 Ana no come carne ni toma lácteos.
4 Una chica gasta 5 euros.
5 Quien gasta 5 euros no come anchoas.
6 Alguien gasta 6 euros.
7 Quien gasta 6 euros no come gambas.
8 Ana no come patatas a la importancia.
9 Quien gasta 6 euros come las patatas a la importancia.

3 ¿Sabes qué tapas son? Empareja los dibujos con los nombre de las tapas.
Which tapas? Match the pictures to their names.

1 Patatas bravas — c
2 Albóndigas
3 Gambas al ajillo
4 Jamón serrano
5 Aceitunas
6 Tortilla española

8 ocho

1 Gramática
La comida

1 **Escribe el verbo correcto debajo de cada ilustración.**
Write the correct verb underneath each picture.

bebe _____ _____ _____ _____ _____ _____

| bebes | beben | bebo | ~~bebe~~ | bebemos | bebéis |

2 **Beber es un verbo regular. Completa la tabla de estos otros verbos.**
Beber is a regular verb. Complete the table of these other verbs.
Watch out! Where a verb has an irregular form in the present tense, this has been completed for you and the rest follow the pattern that you have been taught.

to eat	comer		beber		hacer	to bring	traer
I eat	como	I drink		I do	hago*	I bring	traigo*
you eat		you drink		you do		you bring	traes
he/she eats		he/she drinks		he/she does	hace	he/she brings	
we eat		we drink	bebemos	we do		we bring	
you eat		you drink	bebéis	you do		you bring	
they eat		they drink		they do	hacen	they bring	

3a **Completa las frases con la forma correcta del verbo en paréntesis.**
Complete the sentences with the correct form of the verb in brackets.
1. Mis padres nunca ___comen___ pizza. (**comer**)
2. María _____ una tortilla de patatas. (**hacer**)
3. Los domingos mi padre y yo _____ en un restaurante. (**comer**)
4. Carlota y Miguel _____ cola todos los días. (**beber**)
5. Yo _____ un pastel de chocolate para la fiesta. (**hacer**)
6. ¿Qué _____ tú a la hora del almuerzo? (**comer**)
7. Vosotros _____ refrescos a la fiesta. (**traer**)
8. Yo _____ agua con la comida. (**beber**)

3b **Traduce las frases del ejercicio 3a al inglés. Utiliza el espacio en la página 13.**
Translate the sentences in exercise 3a into English. Use the space on page 13.
1. My parents never eat pizza.

nueve **9**

1 Reto — La comida

1 Escribe en cifras. *Write in numbers.*

1 ciento setenta y tres   173
2 setecientos ochenta y cinco   ____
3 cuatrocientos noventa   ____
4 mil novecientos sesenta y uno ____
5 quinientos cincuenta y cinco ____
6 doscientos cuarenta y nueve   ____
7 tres mil trescientos setenta y ocho ____

2 ¿Cuánto les ha costado la compra a Charo, Rubén, Mónica y Mohamed?
How much have Charo, Rubén, Mónica and Mohamed spent on their shopping?

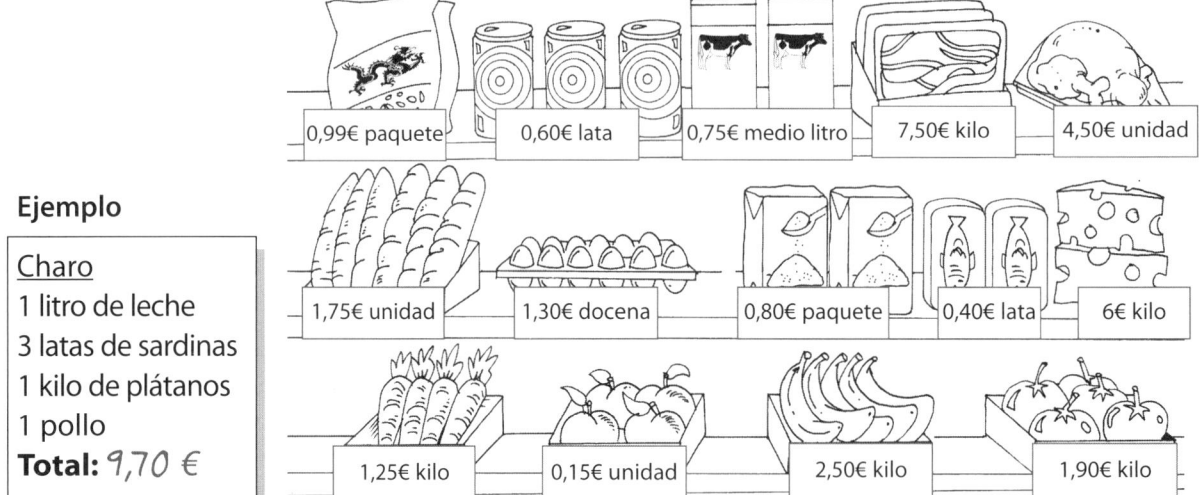

0,99€ paquete   0,60€ lata   0,75€ medio litro   7,50€ kilo   4,50€ unidad
1,75€ unidad   1,30€ docena   0,80€ paquete   0,40€ lata   6€ kilo
1,25€ kilo   0,15€ unidad   2,50€ kilo   1,90€ kilo

Ejemplo

Charo
1 litro de leche
3 latas de sardinas
1 kilo de plátanos
1 pollo
Total: 9,70 €

Rubén
1 kilo y medio de tomates
400 gramos de jamón serrano
1 paquete de arroz
200 gramos de queso
Total:

Mónica
1,5 litros de leche
2 docenas de huevos
½ kilo de zanahorias
3 manzanas
Total:

Mohamed
2 bocadillos
2 latas de refresco de limón
½ kilo de plátanos
3 manzanas
½ docena de huevos
Total:

3 Imagina que tú eres Rubén y vas a la tienda para comprar lo que hay en tu lista. Escribe la conversación.
Imagine that you are Rubén and you have gone to the store to buy what is in your shopping list. Write out the conversation.

_____
_____
_____
_____
_____

10 *diez*

1 Vocabulario — La comida

Tipos de comida — *Types of food*
el bocadillo — *sandwich*
la carne — *meat*
la comida china — *Chinese food*
la comida en el colegio/instituto — *school food*
la comida italiana — *Italian food*
la comida mexicana — *Mexican food*
la comida rápida — *fast food*
la comida vegetariana — *vegetarian food*
la ensalada — *salad*
la fruta — *fruit*
la pasta — *pasta*
el postre — *dessert*
las tapas — *bar snacks*

La comida — *Food*
las aceitunas — *olives*
el arroz — *rice*
el azúcar — *sugar*
el bistec — *steak*
el chorizo — *sausage (salami)*
las fresas — *strawberries*
los guisantes — *peas*
las hamburguesas — *burgers*
la harina — *flour*
el helado — *ice-cream*
los huevos — *eggs*
el jamón — *ham*
la lasaña — *lasagne*
la leche — *milk*
la mantequilla — *butter*
las manzanas — *apples*
las naranjas — *oranges*
el pan — *bread*
los pasteles — *cakes*
las patatas — *potatoes*
las patatas fritas — *chips or crisps*
los perritos calientes — *hot dogs*
el pescado — *fish*
la pizza — *pizza*
los plátanos — *bananas*
el pollo — *chicken*
el queso — *cheese*
las sardinas — *sardines*
los tomates — *tomatoes*
las uvas — *grapes*
las zanahorias — *carrots*

Las bebidas — *Drinks*
el agua mineral — *mineral water*
el café con leche — *white coffee*
el café solo — *black coffee*
la leche — *milk*
los refrescos — *fizzy drinks*
el té — *tea*
un vaso de agua — *a glass of water*
el zumo de naranja — *orange juice*

Cantidades — *Quantities*
una barra de — *a loaf of*
una bolsa de — *a bag of*
una botella de — *a bottle of*
una docena de — *a dozen*
un kilo de — *a kilo of*
una lata de — *a tin of*
medio kilo/quinientos gramos de — *half a kilo/500 grammes of*
medio litro de — *half a litre of*
un paquete de — *a packet of*

Describir la comida — *Describing food*
es delicioso — *it's delicious*
es muy sabroso — *it's very tasty*
es típico de — *it is typical of*
se sirve — *it is served*
frío — *cold*
caliente — *hot*
está hecho/a de… — *it contains/it is made of…*

La frecuencia — *Frequency*
a menudo — *often*
a veces — *sometimes*
nunca — *never*
todos los días — *every day*
una vez por semana — *once a week*

1 Ya sé... checklist — La comida

This is a checklist of the things you should aim to learn in Spanish using Amigos 2.
Use the **Check** *boxes and the* **Prove it!** *column to keep track of what you have learned.*
- *Tick the first box when you feel you are getting to grips with the learning objective but sometimes need a prompt or time to think.*
- *Tick the second box when you think you have fully mastered the learning objective and will be able to use it again in future.*
- *Make notes following the prompts in the* **Prove it!** *column to help you show what you have learned. Your learning partner or parent can test you and initial the second box to confirm the progress you have made.*

Learning objectives	Check	Prove it!
I can give opinions about food.	☐ ☐	*How do you say 'I love fruit' and 'I hate milk'?*
I can use the definite article with generalizations, e.g. *Me encanta la pasta.*	☐ ☐	*Get your partner to test you.*
I can say what people eat and drink using *-er* verbs.	☐ ☐	*Get your partner to test you.*
I can ask for food in a shop.	☐ ☐	*Get your partner to test you.*
I can serve in a shop.	☐ ☐	*Say 'Here it is' and 'Would you like anything else?'*
I can deal with quantities and money.	☐ ☐	*Say 'I would like a kilo of bananas and a packet of crisps'.*
I can use numbers between 100 and 1000.	☐ ☐	*Get your partner to test you.*
I can use the *usted* form to be polite: *¿Qué desea? ¿Tiene…?*	☐ ☐	*Engage in a role-play with your partner.*
I can order in a restaurant and play the role of waiter.	☐ ☐	*Get your partner to test you.*
I can talk about different stages of a meal.	☐ ☐	*Get your partner to test you.*
I can describe some Spanish and English foods.	☐ ☐	*Describe one Spanish and one English dish to your partner.*
I can say how often I eat something.	☐ ☐	*Get your partner to test you.*

1 Para escribir

La comida

2.1 El cuerpo humano — Me encuentro mal

1 Mira los dibujos. Escribe las partes del cuerpo. *Look at the pictures. Write the parts of the body.*

la nariz _____ _____

_____ _____ _____

2 Lee los textos. ¿Cuál es la descripción correcta del bebé: a, b o c?
Read the texts. Which is the correct description of the baby: a, b or c?

a Tiene los ojos grandes y las orejas de su padre. No tiene pelo pero tiene la cabeza grande.

b Tiene la boca enorme y los ojos pequeños. Tiene las piernas muy cortas. Tiene la nariz de su padre.

c Tiene los brazos largos y el estómago de su padre. Tiene la boca pequeña y mucho pelo.

3 Lee la descripción del extraterrestre y dibújalo.
Read the description of the alien and draw it.

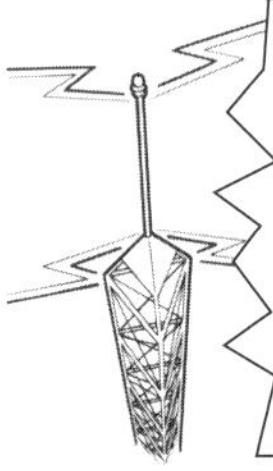

¡Noticias de última hora! En la ciudad de Barcelona se ha visto un extraterrestre. El extraterrestre tiene una cabeza enorme y seis ojos pequeños. No tiene pelo. Tiene cuatro piernas cortas pero no tiene manos. Tiene los dientes muy negros. Si tiene alguna información contacte con la policía lo antes posible.

4 Escribe dos frases sobre ti en la página 23. Tu compañero/a tiene que leer las frases: ¿está de acuerdo?
Write two sentences about yourself on page 23. Your partner reads the sentences: does he/she agree?

Ejemplo Tengo las manos grandes y los pies pequeños.

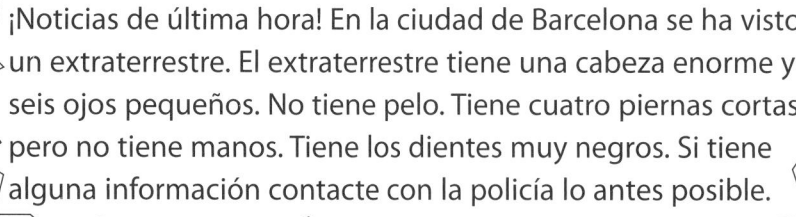

No estoy de acuerdo. ¡Tienes las manos pequeñas y los pies enormes!

2.2 Me duele... — Me encuentro mal

1 ¿Qué les duele? Empareja las frases con las personas.
What hurts? Match the sentences with the people.

a	b	c	d

1 Me duele el cuello. ☐   2 Me duelen las rodillas. ☐

3 Me duele el ojo. ☐   4 Me duelen los pies y las manos. ☐

2 Escribe las letras apropiadas en los globos. *Write the correct letters in the speech bubbles.*

a ¡No me digas! ¿Te duele algo más?

b Sí, me duelen las manos y…

c Ay, me duele el estómago.

d ¡Pobre! Lo siento, tengo que irme…

e ¡Qué lástima! A mí me duelen las piernas, los pies y la garganta.

3 Lee la página del diario de Enrique Enfermito. Algunas palabras no están claras. ¿Puedes completar el texto?
Read the page from Enrique Enfermito's diary. Some of the words aren't clear. Can you complete the text?

Martes Estoy ~~enfermo~~ otra vez. Me duelen ~~los ojos~~ y la cabeza. No quiero salir porque me ~~siento~~ tan mal. También me duele ~~el estómago~~: no puedo ~~comer~~ nada. No puedo hacer los deberes porque me ~~duelen~~ las manos.

| el estómago | enfermo | los ojos | duelen | siento | comer |

quince **15**

2.3 *Estoy enfermo* — Me encuentro mal

1 Completa las frases en los globos. *Complete the sentences in the speech bubbles.*

a _____ resfriado.
b Tengo _____ .
c _____ .
d Estoy _____ .

2a Lee las notas para el profesor. ¿Cuál es de la madre de Raúl? Pon una señal (✔).
Read the notes for the teacher. Which is from Raúl's mother? Put a tick.

a Estimado Señor Ortiz:
Le escribo sobre mi hijo. Se siente muy mal. El fin de semana jugó al fútbol y ahora dice que tiene un dolor horrible en las piernas.
Atentamente

b Estimado Señor Ortiz:
Lo siento mucho, pero mi hijo no puede ir al instituto hoy. Pasó el domingo en la playa. Ahora tiene una insolación y está mareado.
Atentamente

c Estimado Señor Ortiz:
Le escribo sobre la ausencia de mi hijo. Está enfermo desde el sábado. Tiene gripe y tiene fiebre. También le duelen los oídos (porque ayer escuchó música muy alta).
Atentamente

2b Lee las notas de 2a otra vez. Completa la tabla con los verbos.
Read the notes in 2a again. Complete the table with the verbs.

	¿Cómo está ahora? (presente)	¿Por qué? (pasado)
a		
b		
c		

3 Escribe tres disculpas muy malas en la página 23.
Write five very bad excuses on page 23.

Ejemplos No puedo hacer los deberes porque me duele el dedo.
No puedo ir a la fiesta porque mi pájaro está enfermo.

16 *dieciséis*

.4 ¿Qué te pasa?   Me encuentro mal

1 Completa el crucigrama. ¿Qué palabra encuentras?
Complete the crossword. What word do you find?

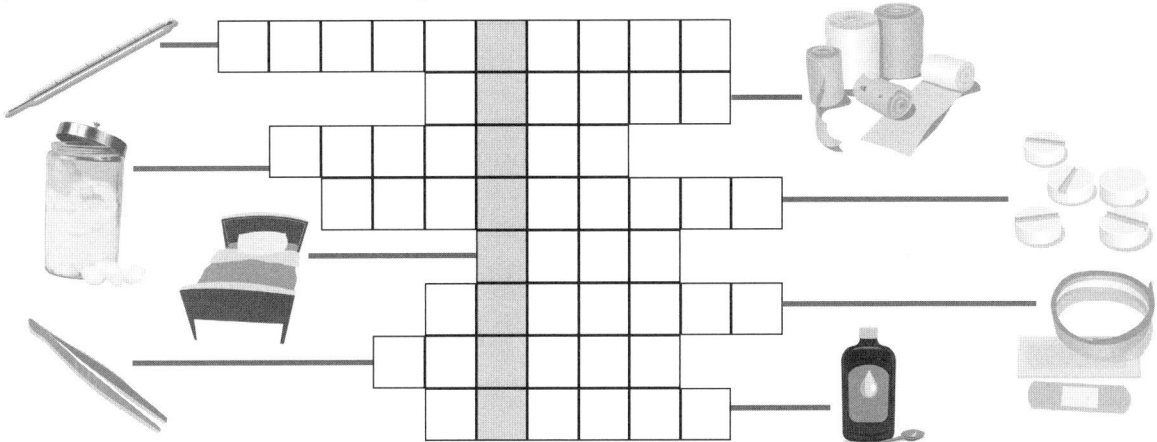

2 Empareja las notas con las recetas del médico. *Match the notes with the doctor's prescriptions.*

1 Paciente con dolor de espalda y del cuello.
2 Paciente con síntomas de insolación, fiebre alta y vómitos.
3 Paciente con dolor de estómago, fiebre de 38°C.
4 Paciente con dolor de garganta y fiebre.

a Pastillas Solmenos para el tratamiento de la insolación. Dos pastillas cada cuatro horas.

b Antibióticos Trisolvén para tratar las infecciones de garganta. Una pastilla con cada comida.

c Jarabe Tranquilex para tratar la fiebre y el dolor del estómago. Tomar cada tres horas.

d Crema Suavex, para el dolor de músculos. Aplicar dos veces al día.

1 ☐ 2 ☐ 3 ☐ 4 ☐

3a Escribe la conversación en la farmacia en el orden correcto.
Write the conversation in the pharmacy in the correct order.

Creo que necesitas unas pastillas para el dolor. ¿Tienes fiebre?   _____

Necesitas un jarabe.   _____

¿Qué te pasa?   _____

No sé: ¡necesito un termómetro!   _____

También me duele la garganta.   _____

Tengo tos.   _____

3b Haz una conversación parecida con tu compañero/a. Utiliza la información de abajo.
Have a similar conversation with your partner. Use the information below.

| dolor de cabeza | aspirinas | fiebre alta | ir a la cama | beber mucha agua |

diecisiete **17**

2.5 Entre amigos — Me encuentro mal

1 Lee el texto sobre la telenovela 'Al filo de la muerte'. Las frases que siguen son de la telenovela. ¿Quién las dice? Escribe T (Tracy), S (Sam) o F (Francisco).
Read the text about the soap opera 'A Close Brush with Death'. The sentences that follow are from the soap opera. Who says them? Write T (Tracy), S (Sam) or F (Francisco).

> ### TELENOVELA DE UNA CLÍNICA DE LOS ÁNGELES
> En 'Al filo de la muerte', Tracy (la actriz Gabriela Rivera) trabaja en un hospital de Los Ángeles. Es enfermera. Su novio Sam Ross (el actor Antonio Escobar) es un policía corrupto. Sam asesina a un hombre y Tracy tiene que escapar. Se va a México y rehace su vida con una nueva identidad: ahora se llama Mariela y trabaja en un hospital del D.F. (la capital). El director del hospital es un doctor llamado Francisco (Humberto Zurita), que perdió a su familia en el terremoto de 1985. 'Mariela' se enamora de él… pero Sam Ross y la mafia quieren eliminar a Tracy.

1 Voy a buscar a la chica – ella sabe demasiado. ☐
2 Es un hombre muy simpático – pero no sabe nada de mi pasado. ☐
3 Me gusta vivir en otra ciudad, donde nadie me conoce. ☐
4 Finalmente he conocido a otra mujer y puedo ser feliz por primera vez después de la tragedia. ☐
5 La verdad es que me gusta el dinero más que llevar una vida honesta. ☐

2a Completa el texto sobre la telenovela 'Flores del Odio'.
Complete the text about the soap opera 'Flowers of Hate'.

En 'Flores del Odio', Alba (la actriz Marta Jiménez) _____ en una _____ de Buenos Aires. Es camarera. Su _____ Pablo (el actor Fernando Velázquez) es jardinero en la casa de una _____ muy rica. Un día Alba le _____ en su trabajo y descubre un _____ terrible…

| cafetería | novio | secreto | señora | trabaja | visita |

2b Escribe un texto parecido sobre la telenovela 'La Cocina'. Utiliza la información de abajo.
Write a similar text about the soap opera 'The Kitchen'. Use the information below.

Jasmín (actriz Elena Chávez)
fábrica de flores, empleada
Bogotá, Colombia
Alfonso (actor Carlos Campos)
restaurante, cocinero

18 *dieciocho*

2 Gramática

Me encuentro mal

Me duele: Use this when one thing is hurting.
Me duelen: Use this when more than one thing is hurting.

1 **Busca las partes del cuerpo en la sopa de letras (hay ocho). Después clasifícalas en la tabla.**
Find the parts of the body in the word search (there are eight). Then sort them into the table.

A	D	I	E	N	T	E	S	B	U
E	I	V	C	B	K	S	U	P	U
O	G	A	F	U	D	P	I	I	E
U	A	K	W	O	E	A	J	E	H
R	R	O	D	I	L	L	A	S	C
G	G	O	J	L	J	D	L	D	F
E	A	I	X	O	O	A	E	O	I
E	N	H	C	T	S	L	M	Q	A
Y	T	G	I	P	U	S	O	I	E
C	A	B	E	Z	A	A	N	Z	M

	me duele	me duelen
1	la cabeza	
2		
3		
4		

The end of the verb changes for different persons, but also to show different tenses. For the past tense, for example, watch out for verbs ending in **–é** or **–í** in the first person.

2 **Lee el email de Fátima. ¿Los verbos son en pasado, presente o futuro? Utiliza tres colores para indicar el tiempo.**
Read Fátima's email. Are the verbs in the past, present or future? Use three colours to indicate the tense.

Your key: past ☐ present ☐ future ☐

¡Hola, amigos!
No vinisteis a mi fiesta así que voy a contaros cómo fue. Comimos mucha paella y bebimos Coca-Cola. Ahora me siento un poco mal y me duele el estómago así que voy a quedarme en casa. Bailé con mi hermano y me duelen los pies. Escuchamos música muy alta: ¡me duelen los oídos también! Me desperté muy tarde y tengo hambre. Voy a desayunar.
¡Hasta pronto!
Fátima

diecinueve **19**

2 Reto

1 Completa el crucigrama. Las soluciones son partes del cuerpo.
Complete the crossword. The solutions are parts of the body.

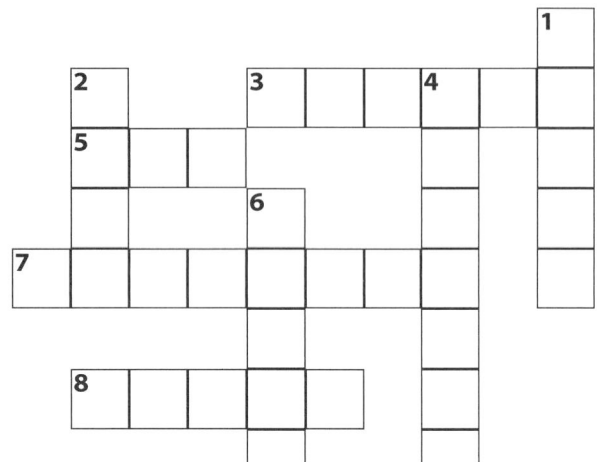

3 Puedes usarla para indicar sí o no.
5 Lo necesitas para ver.
7 Si te duele, a veces no puedes decir nada.
8 Tienes diez.

1 Está en medio de la cara.
2 Si está llena, es difícil hablar.
4 Necesitas un espejo para verla.
6 Son importantes cuando quieres saludar a alguien.

2 Encuentras a una señora mayor en la parada de autobús. Completa la conversación.
You meet an elderly lady at the bus stop. Complete the conversation.

La señora: Ay, me duele la cabeza.
Tú: _____
La señora: Fui al centro comercial y ahora _____ .
Tú: _____
La señora: ¿Te sientes mal también? ¿Qué _____?
Tú: _____
La señora: ¡Pobre! Necesitas _____ .

3 Lee las disculpas. ¿Verdad (✔) o mentira (✘)?
Read the excuses. True (✔) or false (✘)?

20 veinte

2 Vocabulario — Me encuentro mal

Las partes del cuerpo	*Parts of the body*
la boca	mouth
los brazos	arms
la cabeza	head
el cuello	neck
los dedos	fingers
los dientes	teeth
la espalda	back
el estómago	stomach
la garganta	throat
las manos	hands
la nariz	nose
los ojos	eyes
las orejas	ears
el pelo	hair
las piernas	legs
los pies	feet
las rodillas	knees

No me encuentro bien	*I don't feel well*
Me duelen los oídos.	I've got earache.
Me duele la oreja.	My ear hurts. (outside of ear)
Me duele el pie.	My foot hurts.
Me duelen los pies.	My feet hurt.
¿Qué te duele?	What hurts?/Where does it hurt?
Me duele aquí.	It hurts here.
Tengo el brazo roto.	I've got a broken arm.
Tengo un dolor aquí.	I've got a pain here.
Tengo fiebre.	I've got a fever/temperature.
Tengo gripe.	I've got flu.
Tengo tos.	I've got a cough.
Tengo un resfriado.	I've got a cold.
Tengo una insolación.	I've got sunstroke.
Estoy constipado/a.	I've got a blocked up nose.
Estoy enfermo/a.	I'm ill.
Estoy mareado/a.	I feel dizzy/seasick/carsick.
¡Ay!	Ouch!
¡Pobre!	Poor thing!
¡Qué lástima!	What a shame.
No me digas.	You don't say.
No te preocupes.	Don't worry.
Es peligroso.	It's dangerous.
el médico	doctor

En la farmacia	*At the chemist's*
¿Qué te pasa?	What's wrong?
Necesitas…	You need…
Toma…	Take…
Bebe…	Drink…
Toma dos cucharadas.	Take two spoonfuls.
cada dos horas	every two hours
el algodón	cotton wool
un antiséptico	antiseptic
unas aspirinas	some aspirins
una crema (antihistamínica)	(insect-bite) cream
el esparadrapo	strip of plaster
un jarabe	cough mixture
unas pastillas para la acidez	antacid tablets
unas pastillas para la tos	cough sweets
unas pinzas	tweezers
un termómetro	thermometer
unas tiritas	some plasters
unas vendas	bandages
Ve a la cama.	Go to bed.
Llama una ambulancia.	Call an ambulance.
Bebe agua.	Drink water.
Toma una aspirina.	Have an aspirin.

Tengo…	*Expressions with tengo…*
tengo calor	I'm hot
tengo frío	I'm cold
tengo hambre	I'm hungry
tengo miedo	I'm scared
tengo prisa	I'm in a hurry
tengo sed	I'm thirsty
tengo trece años	I'm 13

¿Qué pasó?	*What happened?*
Me caí.	I fell.
Me corté.	I cut (myself).
Me desperté.	I woke up.
Fui.	I went.

2 Ya sé... checklist

Me encuentro mal

See page 12 of this book for advice on using the checklist.

Learning objectives	Check	Prove it!
I can name parts of the body.	☐ ☐	*Get your partner to test you.*
I can say what hurts, using *me duele/ me duelen*.	☐ ☐	*Say 'My head hurts' and 'My ears hurt'.*
I can use the definite article with parts of the body.	☐ ☐	*Get your partner to test you.*
I can interject and show sympathy.	☐ ☐	*Get your partner to test you.*
I can say what is wrong with me.	☐ ☐	*Say 'I have a cough' and 'I feel ill'.*
I can ask others what is wrong.	☐ ☐	*Get your partner to test you.*
I can name items in a first-aid kit.	☐ ☐	*Get your partner to test you.*
I can use expressions with *tener*.	☐ ☐	*Say 'I have a broken leg' and 'I have a temperature'.*
I can make excuses and apologize.	☐ ☐	*Get your partner to test you.*
I can say what is needed.	☐ ☐	*Get your partner to test you.*
I can read and understand instructions for medicines.	☐ ☐	*Explain to your partner what* Tome dos cucharadas cada cuatro horas *means.*

2 Para escribir — Me encuentro mal

3.1 ¿Qué llevas? — De compras

1 Dibuja y colorea la ropa que llevan según las descripciones.
Draw and colour in the clothes that they are wearing according to their descriptions.

Luisa: Llevo una falda roja corta con una camiseta blanca y un sombrero azul. Las botas que llevo son negras pero la chaqueta es gris.

Antonio: Llevo un chándal azul y unas zapatillas deportivas blancas y rojas. No llevo chaqueta ni sombrero.

2 Escribe *un/una/unos/unas* **delante de cada pieza de ropa. Une cada pieza a su ilustración.**
Write **un/una/unos/unas** *in front of each item of clothing. Join each item with its picture.*

1 un   pijama
2 _____ pantalones
3 _____ zapatos
4 _____ falda
5 _____ vaqueros
6 _____ chaqueta
7 _____ camisa
8 _____ abrigo
9 _____ sombrero
10 _____ sandalias
11 _____ chándal
12 _____ bikini

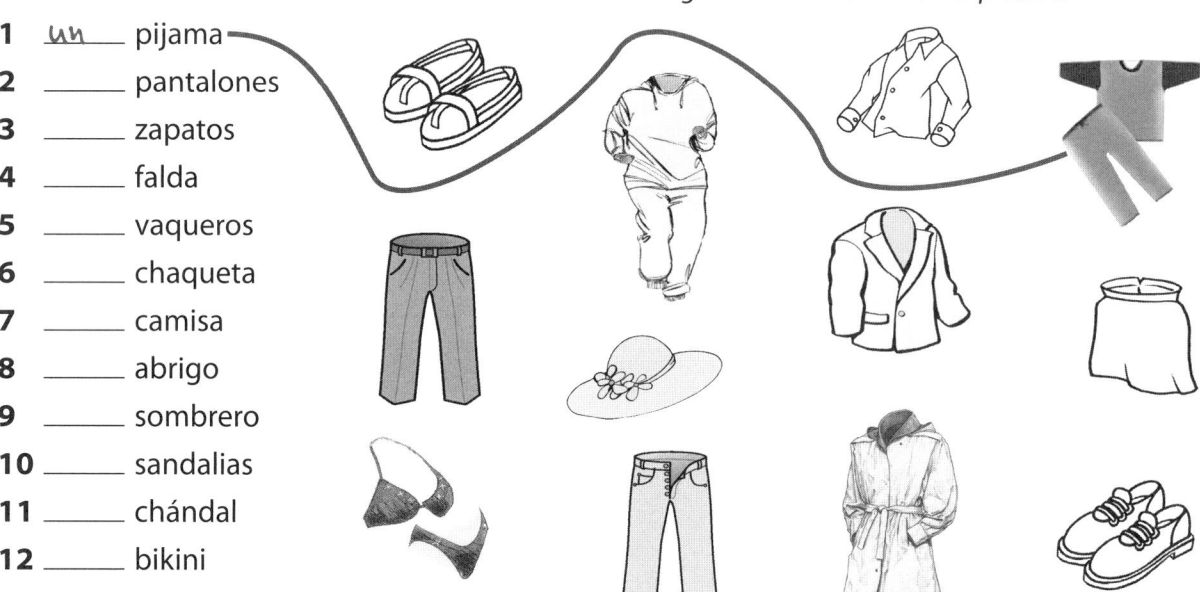

3 Traduce al español. *Translate into Spanish.*

1 She wears a short skirt with a white blouse.
   Lleva una falda corta con una blusa blanca.

2 I wear a grey tracksuit with white trainers.
   _____

3 She wears a black coat, a yellow woolly hat and black boots.
   _____

4 I wear green pyjamas. _____
5 They wear black trousers with pink shirts and black shoes.
   _____

6 You wear a white T-shirt with brown jeans and brown shoes.
   _____

3.2 ¿Llevas uniforme? — De compras

1 ¿Cómo es tu uniforme? Sigue el ejemplo y escribe una frase para cada ilustración.
What's your uniform like? Follow the example and write a sentence for each picture.

a. Mi uniforme es demasiado corto.
b. _____
c. _____
d. _____
e. _____
f. _____

| corto | pequeño | formal | ajustado | holgado | largo |

2 Lee la carta y contesta a las preguntas en inglés.
Read the letter and answer the questions in English.

1. Whose uniform is less formal?
2. Does Miriam like her new uniform?
3. Why is Miriam's uniform only nearly perfect?
4. What do the boys in Miriam's school wear?
5. Do they have to wear a tie?
6. Who doesn't wear a uniform any more? Why?

3 Contesta a la carta de Miriam y describe detalladamente tu uniforme escolar y tu opinión sobre éste.
Write back to Miriam and describe in detail your uniform and what you think of it. Use the space on page 33.

Peñíscola, 8 de enero

Querida Clara:

Me alegró mucho recibir tu carta. Por lo que cuentas tu uniforme es muy formal y no parece demasiado cómodo. En mi colegio, nuestro nuevo uniforme es casi perfecto y me gusta bastante. Los chicos llevan unos pantalones azules elegantes pero cómodos y una camiseta blanca muy práctica. Desafortunadamente las chicas tenemos que llevar una falda azul larga y me gustaría más llevar pantalones o una minifalda. Llevamos la misma camiseta que los chicos y una chaqueta holgada gris. Ahora no llevamos corbata porque el uniforme nuevo es más informal. ¿Sabes? Mi hermano Javier ya está en el instituto y ya no tiene que llevar uniforme, ¡qué suerte!
Te mando unas fotos para que veas el uniforme.
¡Escríbeme pronto!
Un beso,
Miriam

3.3 ¿Cuál prefieres? — De compras

1 Rellena la tabla. *Fill in the table.*

	masculino singular	femenino singular	masculino plural	femenino plural
this/these	este			
that/those				esas
that one over there/ those (ones) over there		aquella		

2 ¿Cuánto cuestan? *How much do they cost?*

1 Me gustan estas sandalias. 15,99€
2 Me encantan aquellas zapatillas deportivas. _____
3 Prefiero esa camiseta. _____
4 Me gusta más aquel bikini. _____
5 Quiero comprar estas zapatillas deportivas. _____
6 ¿Cuánto cuesta esta camiseta? _____

3 Empareja las preguntas con las respuestas. *Match the questions to the answers.*

1 ¿Qué ropa te gusta?
2 ¿Qué te gustaría comprar?
3 ¿Cuál prefieres?
4 ¿Cuánto cuesta?
5 No tengo bastante dinero. ¿Las hay más baratas?
6 ¿Algo más?

a No, nada más.
b Me gusta la ropa holgada.
c Cuesta 35€.
d Prefiero aquélla de color verde.
e Me gustaría comprar una camiseta.
f Sí, éstas cuestan 25€.

3.4 ¿Me queda bien? — De compras

1 Escoge dos frases para cada ilustración. *Chose two sentences for each picture.*

a las sandalias
¡Son demasiado incómodas!
No las compro.

b los vaqueros
___

c el sombrero
___

d la falda
___

e los pantalones
___

¡Son demasiado pequeños!	No los compro.
¡Son demasiado incómodas!	No lo compro.
¡Son demasiado largos!	No las compro.
¡Es demasiado grande!	No la compro.
¡Es muy corta!	No los compro.

2 Pon esta conversación en el orden correcto.
Put this conversation in order so that it makes sense.

☐ Corta, por favor.
☐ ¡Ah! ¡Pues me queda fenomenal! La compro. ¿Cuánto cuesta?
☐ Aquí tienes.
☐ Hola. ¿Qué deseas?
☐ Me queda grande. ¿Tiene la talla treinta y seis?
☐ La treinta y ocho.
☐ Cuesta treinta y cinco euros.
☐ Aquí tiene. ¡Muchas gracias! ¡Adiós!
☐ Adiós
☐ Lo siento. No me queda en verde, sólo en azul. Aquí tienes.
☐ ¿Corta o larga?
☐ Muy bien: una falda corta verde. ¿Qué talla tienes?
☐ Quisiera comprar una falda verde.
☐ 1 ¡Hola buenas tardes!

3 Tu turno: Escribe en la página 33 una conversación similar.
Your turn. Write a similar conversation on page 33. Consider the following.

- You are looking for a T-shirt size 40.
- You prefer white but the shop assistant doesn't have any your size and you try the blue.
- You don't like it because it is too uncomfortable so you don't buy it and leave the shop.

veintisiete **27**

3.5 Entre amigos — De compras

1 **Lee el texto y contesta a las preguntas en inglés.**
Read the text and answer the questions in English.

> El 'Camino de Santiago' es el nombre del camino que los peregrinos seguían en la Edad Media para llegar a Santiago. Si deseas hacer todo el camino que son unos 900 kms te va a llevar unos 30 días. Si tan sólo quieres recibir el "Compostela" o certificado oficial de peregrinaje tendrás que caminar al menos 100 kms o 200 si lo haces en bicicleta.
>
> La ciudad de Santiago de Compostela fue fundada después del descubrimiento de los restos del Apóstol Santiago en el siglo XIX. Pronto Santiago se convirtió en una ciudad de peregrinaje. Muchos de los peregrinos modernos son católicos que piensan que el difícil peregrinaje a Santiago reducirá su estancia en el purgatorio, o al menos, ésta es la razón histórica más conocida. Pero no es necesario creer en Dios para hacer este interesante viaje; muchos otros peregrinos lo hacen simplemente por razones culturales o simplemente por el reto de haberlo hecho.

1 What is "el Camino de Santiago"? _____
2 How long is the full journey? _____
3 What is the minimum that you need to walk to get the pilgrimage certificate? _____
4 Who was buried in Santiago? _____
5 In what century were his remains discovered? _____
6 What denomination are most of the pilgrims? _____
7 For what reasons do people embark on the trip? _____

2 **Aquí está la mochila de un peregrino a punto de partir. ¿Qué ropa se lleva?**
Here is the knapsack of a pilgrim about to leave. ¿What clothes does he take?

cinco camisetas _____
_____ _____
_____ _____
_____ _____
_____

3 Gramática — De compras

1. Adjetivos demostrativos y concordancia de adjetivos: Sigue el ejemplo para escribir las frases.
Demonstrative adjectives and agreement of adjectives: Follow the example to write the phrases.

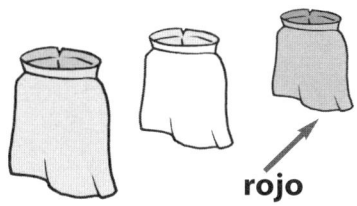 rojo    azul    marrón

aquella falda roja   _____   _____

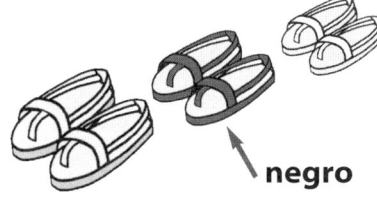 negro   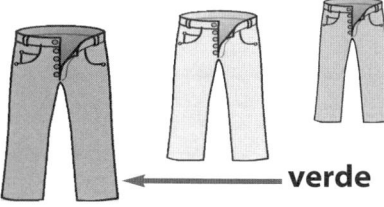 verde    blanco

_____   _____   _____

2a. En estos anuncios de periódico hay ocho errores de concordancia. ¡Encuéntralos y subráyalos!
In these newspaper adverts there are eight errors of agreement. Find them and underline them!

2b. Ahora haz una lista de los errores corregidos.
Now make a list of the corrected errors.

camisetas verdes
_____
_____
_____
_____
_____
_____

Oferta
Camisetas verdas a **5€**
Unos pijamas práctico a **8€**
Vestidos gris a **10,99€**
Zapatos elegantes a **25€**

Se vende
Vendo unas botas negros, muy cómodas y práctica a **25€**.
También vendo unas zapatillas deportivas blancos, muy bonitos por **10€**

¡Ayúdanos!
Buscamos todo tipo de ropa bonito para vender en nuestras tiendas de caridad.

3. Describe con detalle la ropa que llevas en estos momentos. ¡Atención a la concordancia!
Describe in detail the clothes that you are wearing right now. Careful with agreements!

Llevo _____
_____

3 Reto — De compras

1 Problema de lógica: Lee las frases y completa la tabla.
Logic problem: Read the sentences and complete the table.

> Dos chicos y una chica van a comprar ropa. Compran una camisa, unas botas, y un chándal. La chica compra botas de la talla 36. Eugenio compra una camisa azul una talla más grande que el chándal de Enrique.
> Los dos chicos tienen la talla 40 y 42. Quien compró una camisa azul no es quien gastó 40€. Las botas son más caras que el chándal.
> Entre los tres chicos gastaron 100€. Dos prendas costaron el mismo precio.
> Alguien compró algo gris y el chándal de Enrique no es blanco.

	Eulalia	Eugenio	Enrique
prenda de ropa			
talla			
color			
precio			

2 Mira las viñetas y completa las partes de la conversación que faltan.
Look at the strip and complete the speech bubbles.

3 Escribe las preguntas apropiadas para estas respuestas.
Write appropriate questions for these answers.

1 ¿Qué deseas? — Quisiera unos vaqueros.
2 _____ — Los prefiero azules.
3 _____ — Tengo la talla 40.
4 _____ — ¡Me quedan perfectos!
5 _____ — Cuestan 35€.

3 Vocabulario — De compras

Las tiendas — *Shops*
la carnicería — *butcher's*
la farmacia — *chemist's*
la librería — *bookshop*
la panadería — *baker's*
la pescadería — *fishmonger's*
la zapatería — *shoe shop*

La ropa — *Items of clothing*
un abrigo — *a coat*
una blusa — *a blouse*
unas botas — *boots*
una camisa — *a shirt*
una camiseta — *a T-shirt*
una chaqueta — *a jacket*
un chándal — *a tracksuit*
una falda — *a skirt*
un gorro (de lana) — *a (woolly) hat*
un jersey — *a jumper*
unos pantalones — *trousers*
un pijama — *pyjamas*
unas sandalias — *sandals*
un sombrero — *a hat*
unos vaqueros — *jeans*
unas zapatillas de deporte/ deportivas — *trainers*
unos zapatos — *shoes*
¿Qué ropa llevas? — *What clothes are you wearing?*
Llevo… — *I'm wearing…*
¿Qué ropa llevan? — *What clothes are they wearing?*
Llevan… — *They are wearing…*

El uniforme — *School uniform*
¿Qué te gusta llevar? — *What do you like to wear?*
Me gusta llevar… — *I like to wear…*
¿Llevas uniforme? — *Do you wear a school uniform?*
¿Cómo es el uniforme? — *What is your school uniform like?*
¿Qué te gustaría llevar para ir al colegio? — *What would you like to wear to school?*
Me gustaría llevar… — *I would like to wear…*
la corbata — *tie*
ajustado/a — *tight*
bonito/a — *pretty*
cómodo/a — *comfortable*
corto/a — *short*
elegante — *elegant*
feo/a — *ugly*
formal — *formal*
holgado/a — *baggy*
incómodo/a — *uncomfortable*
informal — *informal*
largo/a — *long*
perfecto/a — *perfect*
poco práctico/a — *impractical*
práctico/a — *practical*

¿Qué ropa te gusta? — *What clothes do you like?*
Me gusta… — *I like…*
¿Cuál(es) prefieres? — *Which one(s) do you prefer?*
Prefiero… — *I prefer…*
este/esta — *this*
estos/estas — *these*
ese/esa — *that*
esos/esas — *those*
aquel/aquella — *that one over there*
aquellos/aquellas — *those ones over there*

De compras — *Shopping*
¿Qué deseas? — *What would you like?*
¿Qué quieres comprar? — *What do you want to buy?*
Quisiera… — *I would like…*
Quiero comprar… — *I want to buy…*
¿Qué talla tienes? — *What size are your clothes?*
¿Qué número tienes/calzas? — *What size are your shoes?*
Tengo la talla… — *I am size…*
la talla grande/pequeña — *large/small size*
Lo siento — *I'm sorry*
¿Puedo probármelo/la? — *Can I try it on?*
¿Me queda bien? — *Does it suit me?*
Te queda bien. — *It suits you.*
¿Cuánto cuesta(n)? — *How much is it/are they?*
cuesta(n)… — *it costs/they cost…*
La(s)/Lo(s) compro. — *I'll buy it/them.*
Me queda(n) bien. — *It suits/They suit me.*
No me queda(n) bien. — *It doesn't suit/They don't suit me.*
Es demasiado grande. — *It's too big.*
Es un poco ajustado. — *It's a bit tight.*

treinta y uno 31

3 Ya sé... checklist — De compras

See page 12 of this book for advice on using the checklist.

Learning objectives	Check	Prove it!
I can name items of clothing.	☐ ☐	Get your partner to test you.
I can say what colour items of clothing are.	☐ ☐	Get your partner to test you.
I can talk about my school uniform and give opinions about it.	☐ ☐	Describe your school uniform to your partner and give your opinion of it.
I can say what I would like to wear to school.	☐ ☐	Tell your partner what you would like to wear to school.
I can say what I prefer.	☐ ☐	Tell your partner what clothes you prefer to wear.
I can say 'this', 'that' and 'those' in Spanish.	☐ ☐	Get your partner to test you.
I can use Spanish sizes.	☐ ☐	Get your partner to test you.
I can buy clothes in a shop and say if I want to buy them or not and why.	☐ ☐	Get your partner to test you.
I can use direct object pronouns.	☐ ☐	Get your partner to test you.
I can say if an item of clothing suits me or someone else or not and why.	☐ ☐	Get your partner to test you.

32 *treinta y dos*

© OUP Photocopying prohibited

3 Para escribir — De compras

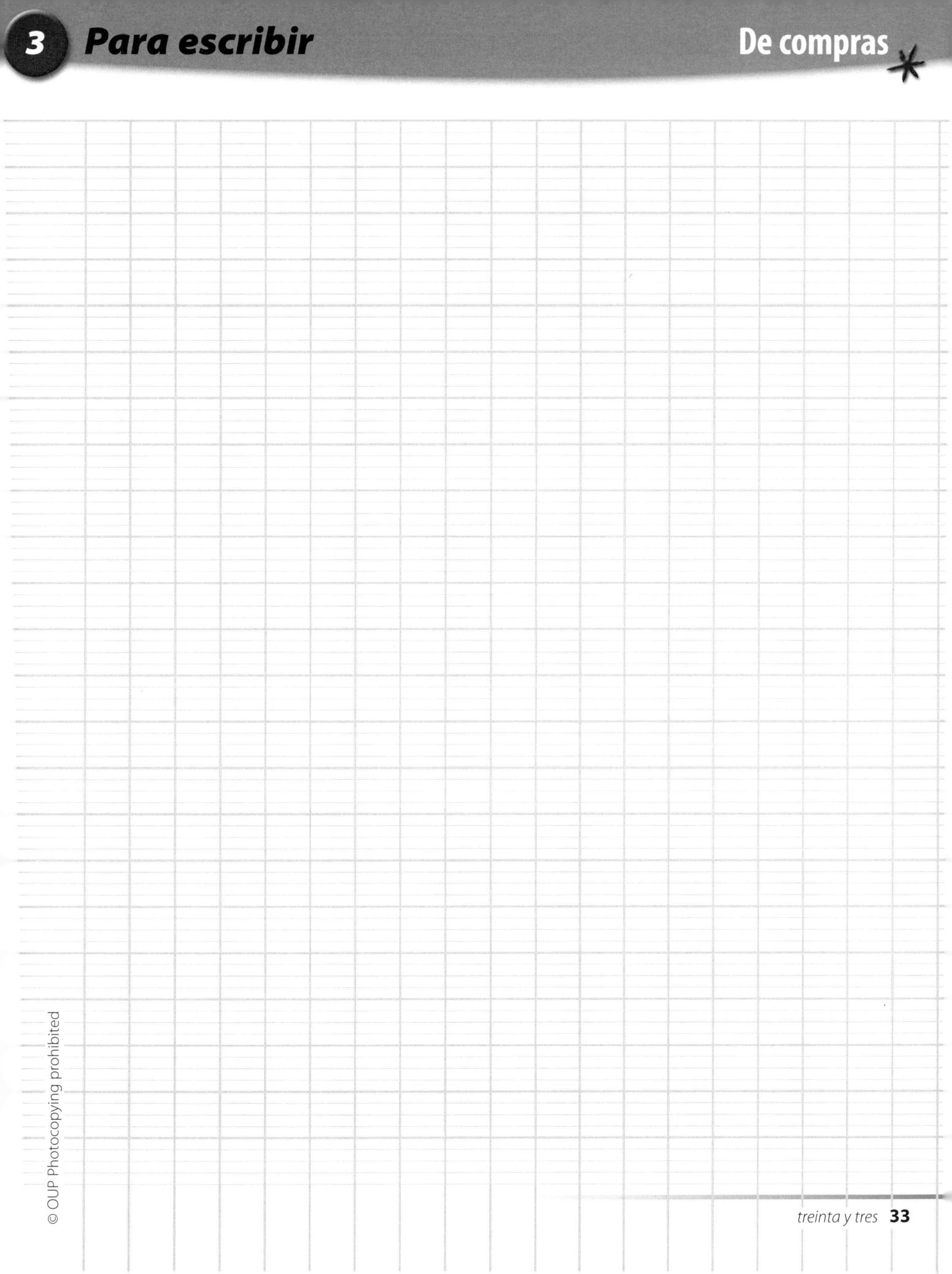

4.1 ¿Qué películas te gustan? ¡A divertirse!

1 **Trabajas en una tienda donde se alquilan DVDs. ¿Qué películas recomiendas a los clientes?**
You work in a DVD hire shop. Which films do you recommend to the customers?

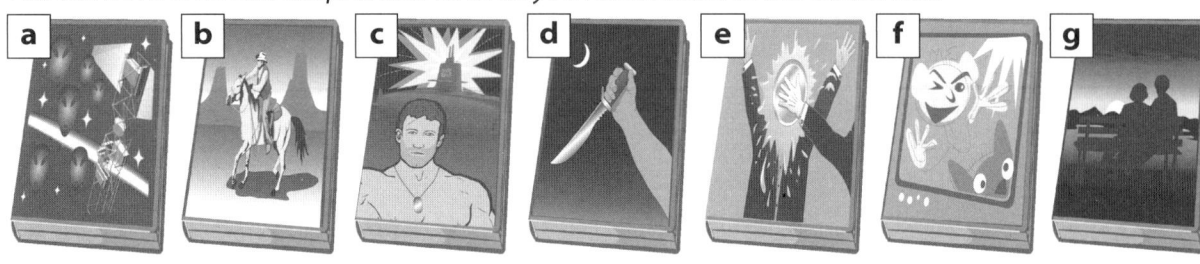

1 ☐ *Quiero una película de terror y también algo romántico.*

2 ☐ *Me gustan mucho las películas de guerra. ¿Tiene algo para mí?*

3 ☐ *Necesito dos DVDs: a mi amigo le gustan las películas de ciencia-ficción pero yo prefiero las películas cómicas.*

4 ☐ *Busco algo para mi hermano menor: tiene seis años.*

5 ☐ *Odio las películas del oeste, pero es el cumpleaños de mi padre, y a él le encantan…*

2 **¿Qué tipos de película les gustan y no les gustan? Escribe frases.**
What types of film do they like and dislike? Write sentences.

Ejemplo Me encantan las películas cómicas.

1 _____
2 _____ 
3 _____ 
4 _____

3 **Busca los adjetivos y escríbelos en orden alfabético.**
Find the adjectives and write them in alphabetical order.

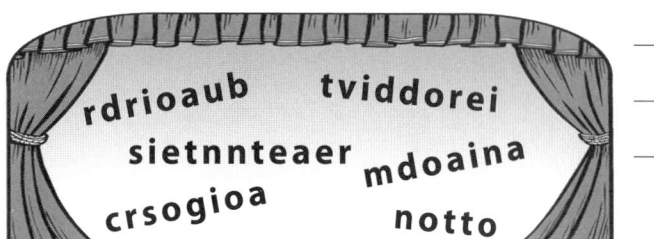

rdrioaub   tviddorei
sietnnteaer   mdoaina
crsogioa   notto

_____ _____
_____ _____
_____ _____

4 **Pregunta a un(a) compañero/a: ¿Qué tipos de película le gustan y no le gustan? ¿Por qué? Escribe unas frases en la página 43.**
Ask a partner: What types of film does he/she like and dislike? Why? Write a few sentences on page 43.

Ejemplo A … le gustan las películas … porque … .
No le gustan las películas … porque … .

34 treinta y cuatro

4.2 El cine y la televisión — ¡A divertirse!

1a Lee el diálogo y escoge el dibujo correcto.
Read the dialogue and choose the correct picture.

Jorge: ¡Hola, Bárbara! ¿Quieres ir al cine esta tarde?
Bárbara: No sé. Depende de la película. ¿Qué quieres ver?
Jorge: Me gustan mucho las películas de ciencia-ficción. Ponen una que se llama *El futuro rojo*.
Bárbara: Ay no, lo siento, pero esas películas son muy aburridas. ¿No te gustaría ver una película cómica, por ejemplo *Dos Hombres y una Lavadora*?
Jorge: Buena idea. Mira el programa: ponen la película a las siete y media en la sala dos y cuesta cuatro euros. ¿Dónde quedamos y a qué hora?
Bárbara: ¿En la cafetería Lirios a las siete?
Jorge: Vale.

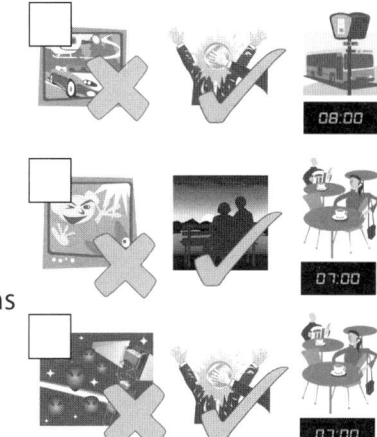

1b Escoge otro dibujo y escribe un diálogo en la página 43.
Choose one of the other pictures and write a dialogue on page 43.

1c Diseña una entrada de cine para Bárbara y Jorge.
Design a cinema ticket for Bárbara and Jorge.

2 ¿Verdad (✔) o mentira (✘)?
Are the sentences true or false?

1 ☐ *EastEnders* es un documental.
2 ☐ *Grandstand* era un programa de deportes.
3 ☐ En el BBC hay muchos anuncios.
4 ☐ *Top of the Pops* era una telenovela muy famosa.
5 ☐ En los concursos se puede ganar mucho dinero.
6 ☐ Ponen las noticias por la noche solamente.

3 Completa las frases con tus opiniones de los programas de la tele en la página 43.
Complete the sentences with your opinions on TV programmes on page 43.

1 Mi telenovela preferida es … porque …
2 (No)/Me gusta ver los programas de deportes porque …
3 Un tipo de programa muy aburrido es …, por ejemplo …
4 Me encantan … Ponen muy buenos en el canal …

4.3 El fin de semana pasado ¡A divertirse!

1 Empareja las preguntas y las respuestas. *Match the questions and the answers.*

1 ¿Qué hiciste el fin de semana pasado?
2 ¿Adónde fuiste?
3 ¿Con quién fuiste?
4 ¿Qué visteis?
5 ¿Cómo era?
6 ¿Adónde fuisteis después?
7 ¿Qué hicisteis?

a Fui con mi hermana.
b Era muy interesante.
c Fui a un museo de guerra.
d Comimos una pizza enorme.
e Hice muchas cosas.
f Vimos una película sobre la guerra en Vietnam.
g Fuimos a un restaurante italiano.

2 Completa el diario de Sandra. *Complete Sandra's diary.*

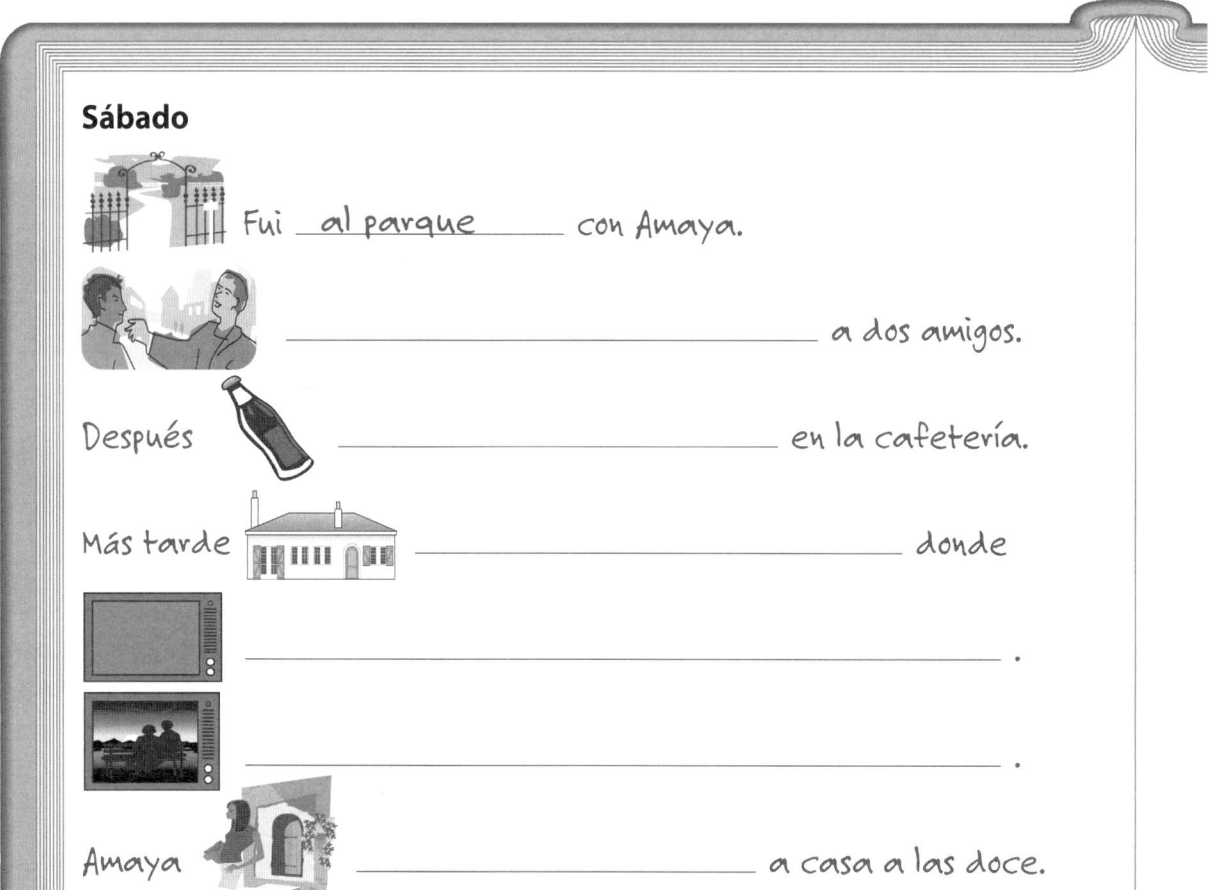

Sábado

Fui _al parque_ con Amaya.

_____ a dos amigos.

Después _____ en la cafetería.

Más tarde _____ donde

_____ .

_____ .

Amaya _____ a casa a las doce.

3 Corrige las frases locas. Cambia solamente una palabra en cada frase.
Correct the nonsense sentences. Change one word only in each sentence.

1 El fin de semana pasado fui al helado. _____
2 Hice con mi amiga. _____
3 Vi un partido de película. _____
4 Vimos a tomar una cola. _____

4.4 ¿Qué hiciste el fin de semana pasado? ¡A divertirse!

1a **Sonia pasó un fin de semana fantástico y Ana pasó un fin de semana aburrido. ¿Quién dice qué? Escribe S o A.**
Sonia had a fantastic weekend and Ana had a boring weekend. Who says what? Write S or A.

1. ☐ Vi una película larga de acción. Odio esas películas.
2. ☐ Después de ir al parque, fuimos a comer paella, que es mi plato preferido.
3. ☐ El domingo no hice nada: fue un día muy aburrido.
4. ☐ Antes de ir a casa, vi a dos chicos que no me gustan.
5. ☐ El sábado fui al centro con mi amiga e hicimos muchas compras. Fue divertido.
6. ☐ Fuimos al museo pero no fue interesante.
7. ☐ El domingo por la mañana fuimos a un parque muy bonito.
8. ☐ Por la noche vimos una película emocionante.

Sonia

Ana

1b **Hablas con Sonia o Ana. ¿Cuántas preguntas puedes hacer?**
You are talking to Sonia or Ana. How many questions can you ask?

| ¿Qué…? | ¿Adónde…? |
| ¿Con quién…? | ¿Cómo…? |

_____
_____
_____
_____
_____
_____
_____
_____

2 **Escribe sobre tu fin de semana en Lima.**
Write about your weekend in Lima.

_____
_____
_____
_____
_____
_____
_____

Lima
CINE EL TUMI
RESTAURANTE EL PIRATA — COMIDA TÍPICA
Discoteca Agua Marina
HOTEL ESPLÉNDIDO
Playa del Sur
Museo de Oro

| fui/fuimos | vi/vimos | fue/era |
| antes de | después de |

© OUP Photocopying prohibited

treinta y siete **37**

4.5 Entre amigos — ¡A divertirse!

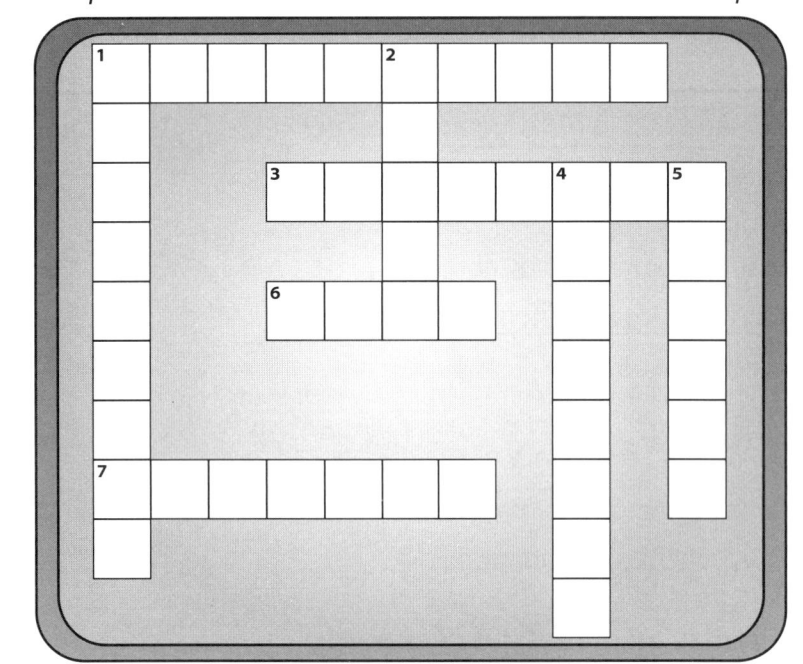

1 Completa el crucigrama sobre la televisión. Las soluciones son palabras españolas.
Complete the crossword about television. The answers are Spanish words.

→
1 Otra palabra para anuncios.
3 No es bueno sentarse muy cerca de ésta.
6 TV en español.
7 Lo ves entre los programas.

↓
1 Las noticias, los documentales, los concursos son…
2 TVE1 es uno.
4 En el Reino Unido hay que comprar una para ver la tele.
5 Persona que ve la tele todo el día.

2 Tu amigo/a es adicto/a a la tele. Completa estos consejos con las palabras de la casilla.
Your friend is a telly addict. Complete this advice with the words from the box.

Ves muchas _____ de tele al _____ . ¿Por qué no _____ más conmigo y con otros _____ ? Todos tenemos un _____ favorito, ¡pero tú quieres _____ todo! No es bueno quedarse todo el día delante de la _____ y ver todos los _____ aburridos y los culebrones _____ . Sí, hay programas _____ pero también hay mucha _____ . Creo que puedes _____ sin el _____ ¡al menos por un día!

| amigos | concursos | día | horas | interesantes | mando de distancia |
| pantalla | programa | publicidad | sales | tontos | ver | vivir |

38 treinta y ocho

4 Gramática ¡A divertirse!

1 Completa la tabla con los verbos en pretérito.
Complete the table with the verbs in the preterite.

ir	hacer	ver
fui		vi
	hiciste	viste
	hizo	
fuimos		
	hicisteis	visteis
fueron		

Flashback

You use the preterite tense to say what you did in the past.
The verbs **ir** (*to go*), **hacer** (*to do*) and **ver** (*to see*) are all irregular.

2 Escribe las siguientes frases en español. *Write the following sentences in Spanish.*

1 Did you (*singular*) go to the cinema at the weekend?
2 Miguel did a lot of things on Saturday.
3 I saw a good film.
4 We went to Barcelona with Fátima.
5 What did you (*plural*) do on Sunday?
6 They saw a friend in the park.

Flashback

To say *before …ing* in Spanish you use **antes de** + infinitive.
antes de comer *before eating*

Después de + infinitive is the Spanish equivalent of *after …ing*:
después de salir *after going out*

3 Eres Federica. En la página 43 describe lo que hiciste el domingo. Utiliza *antes de* **y** *después de*.
You are Federica. On page 43 describe what you did on Sunday. Use **antes de** *and* **después de**.
El domingo hice muchas cosas…

treinta y nueve 39

4 Reto
¡A divertirse!

1 **Mira los DVDs de Marta. Completa lo que dice.**
Look at Marta's DVDs. Complete what she says.

No me _____ las películas de acción _____ son muy aburridas. Prefiero las películas _____ y me encantan las películas de _____: tengo tres. A veces me gusta ver una película _____ pero _____ las películas de guerra: son tontas. Tengo una película de _____ pero es de mi hermano menor. Dice que es _____ .

2a **Completa el email para describir una película que viste el fin de semana pasado.**
Complete the email to describe a film you saw last weekend.

¡Hola, Arantxa!
¿Qué tal el fin de semana? Yo no hice mucho pero el sábado fui al cine. Vi _____ _____ . Me gustan las películas _____ porque son _____ . _____ es una película muy _____ . Pero no es mi película favorita: prefiero _____ porque es _____ . Tú, ¿qué piensas?
Isabel

2b **Contesta al email de Isabel con la siguiente información:**
- lo que hiciste el fin de semana
- qué tipos de película te gustan
- si te gusta la película que ella menciona

Reply to Isabel's email with the following information:
- *what you did at the weekend*
- *what kind of films you like*
- *if you like the film she mentions*

40 cuarenta

Vocabulario — ¡A divertirse!

Tipos de película / *Types of film*
¿Qué películas te gustan? / *What films do you like?*
Me gustan… / *I like…*
Te gustan… / *You like…*
Le gustan… / *He/She likes…*
una película… / *a/an… film*
de acción / *action*
de ciencia-ficción / *science-fiction*
de dibujos animados / *cartoon*
de guerra / *war*
de terror / *horror*
cómica / *comedy*
policíaca / *police*
romántica / *romantic*
una película del oeste / *a Western*

Las opiniones / *Opinions*
No me gusta(n)… / *I don't like…*
Prefiero… / *I prefer…*
Prefieres… / *You prefer…*
Prefiere… / *He/She prefers…*
porque (no) son… / *because they are/aren't…*
aburrido/a / *boring*
animado/a / *entertaining*
divertido/a / *fun*
emocionante / *exciting*
gracioso/a / *funny*
inteligente / *intelligent*
interesante / *interesting*
tonto/a / *silly*

Programas de televisión / *Television programmes*
¿Qué programas prefieres? / *What programmes do you prefer?*
Prefiero… / *I prefer…*
los anuncios / *adverts*
los concursos / *game shows*
los documentales / *documentaries*
las noticias / *the news*
los programas de deportes / *sports programmes*
los programas musicales / *music programmes*
las series / *TV series*
las telenovelas / *soap operas*

Una invitación / *An invitation*
¿Quieres salir conmigo esta tarde? / *Do you want to go out with me this afternoon?*
¿Adónde vamos? / *Where shall we go?*
¿Quieres ir al cine? / *Do you want to go to the cinema?*
¿Dónde quedamos? / *Where shall we meet?*
Quedamos en… / *Let's meet at…*
¿A qué hora? / *At what time?*
A la (una)/A las (seis). / *At (one/six) o'clock.*
Dos entradas, por favor. / *Two tickets, please.*
¿Para qué sesión? / *For which showing?*
Para la sesión… / *For the showing at…*
¿Cuánto es? / *How much is it?*
Son (cinco) euros. / *It's (five) euros.*
¿En qué sala es? / *What screen is it?*
En la sala… / *It's screen number…*

El fin de semana pasado / *Last weekend*
¿Adónde fuiste? / *Where did you go?*
Fui a… / *I went to…*
¿Con quién fuiste? / *Whom did you go with?*
Fui con… / *I went with…*
¿Qué hiciste? / *What did you do?*
Hice muchas cosas. / *I did lots of things.*
Hice fotos. / *I took photographs.*
fui / *I went*
fuiste / *you went (singular)*
fue / *he/she/it went, you (usted) went*
vi / *I saw*
viste / *you saw (singular)*
vio / *he/she/it saw, you (usted) saw*
hice / *I did*
hiciste / *you did (singular)*
hizo / *he/she/it did, you (usted) did*

Expresiones de tiempo / *Expressions of time*
el fin de semana pasado / *last weekend*
antes de + *infinitive* / *before …ing*
antes de comer / *before eating*
después de + *infinitive* / *after …ing*
después de salir / *after going out*

4 Ya sé... checklist

¡A divertirse!

See page 12 of this book for advice on using the checklist.

Learning objectives	Check	Prove it!
I can talk about different types of film and express opinions.	☐ ☐	*Get your partner to test you.*
I can invite someone out.	☐ ☐	*Get your partner to test you.*
I can buy cinema tickets.	☐ ☐	*Get your partner to test you.*
I can say which TV programmes I like and why.	☐ ☐	*Get your partner to test you.*
I can say where I went in the past, using the preterite of the verb *ir*.	☐ ☐	*Get your partner to test you.*
I can use the verbs *hacer* and *ver* in the preterite to describe what I did in the past.	☐ ☐	*Get your partner to test you.*
I can ask other people what they did last weekend, where and when and with whom.	☐ ☐	*Get your partner to test you.*
I can use different time expressions to talk about something done in the past.	☐ ☐	*Use* después de + *infinitive and* antes de + *infinitive in a sentence.*

4 Para escribir

¡A divertirse!

5.1 ¿Qué hay de interés? ¡Vámonos de vacaciones!

1 ¿Recuerdas estos lugares en la ciudad? Une los dibujos con sus descripciones.
Do you remember these places in town? Join the pictures to their descriptions.

1. el castillo
2. el polideportivo
3. la playa
4. el colegio
5. el parque temático
6. el centro comercial
7. la discoteca
8. el puerto

2 **Lee el texto y completa los espacios.** *Read the text and fill in the gaps.*

¡Ven a Barcelona! Barcelona es una ciudad espectacular donde siempre hay muchos _turistas_ _____. Situada en el _____ de _____, es una ciudad con mucho que hacer. Para visitar hay _____ gótica y también la de la Sagrada Familia que todavía está inacabada pero es superimpresionante. Para _____ hay muchos restaurantes y terrazas particularmente en Las Ramblas, en el centro de la ciudad. También merece la pena pasear por el Parc Güell o se puede tomar el sol en _____. Para _____ hay gran variedad de _____ con música para todos los gustos concentradas en el _____ olímpico y dos _____ llamados Montjuic y Tibidabo. Y si lo tuyo es _____, no te pierdas una visita al Corte Inglés, Portaferrissa o Portal de l'Angel.

¡Ven a Barcelona! ¡Merece la pena!

3 **En la página 53, escribe un párrafo sobre el lugar donde vives o tu ciudad favorita. Incluye lo que se puede hacer y lo que hay para divertirse, para relajarse, para comprar y para visitar.**
On page 53, write a paragraph about where you live or your favourite city. Include what one can do there and what there is for having fun, for relaxing, for shopping and for visiting.

5.2 ¿Adónde fuiste?   ¡Vámonos de vacaciones!

1 **Encuentra los medios de transporte en la sopa de letras. Escríbelos en las líneas.**
Find the means of transport in the wordsearch and write them on the lines provided.

B	E	T	T	R	E	N	K	H	U	B
P	A	S	Z	X	Y	C	D	F	M	I
I	J	A	P	E	C	J	R	D	O	C
E	D	A	U	T	O	C	A	R	H	I
K	E	V	C	U	C	L	L	Q	O	C
N	Q	I	Y	T	H	I	V	M	R	L
O	X	O	M	U	E	F	Y	O	I	E
Z	U	N	I	S	N	Z	B	T	V	T
P	I	G	G	B	A	R	C	O	J	A

en _tren_
en _____
en _____
en _____
en _____
en _____
en _____
en _____
a _____

2 **Lee este correo electrónico. ¿Verdad (✔) o mentira (✘)? Corrige las frases incorrectas.**
Read this e-mail. Are the sentences below true (✔) or false (✘)? Correct the incorrect sentences.

> ¡Hola, Sandra!
> ¿Quieres saber qué tal mis vacaciones? Fui a Mazarrón en autocar con mi amigo Paco. Fuimos a visitar a su familia que vive allí. ¡Buf! ¡El viaje fue larguísimo! Tardamos ocho horas en llegar y fue aburridísimo. Mazarrón está en la costa cerca de Murcia y allí en verano hace muchísimo calor. Todas las mañanas fuimos a la playa a nadar y tomar el sol, y todas las tardes salimos a pasear o a cenar a un restaurante.
> ¡La familia de Paco es genial! Pasamos en Mazarrón diez días y vamos a volver por Navidad. ¡Fueron unas vacaciones fenomenales!
> ¿Y tú? ¿Adónde fuiste? ¿Cómo fuiste? ¿Para cuánto tiempo fuiste?
> Un abrazo,
> Luz J

1 [✔] Fue de vacaciones a Mazarrón. _____
2 [ ] Fue en avión. _____
3 [ ] Fue con una amiga. _____
4 [ ] Por la tarde fueron a la playa. _____
5 [ ] Pasó quince días allí. _____
6 [ ] Le gustaron sus vacaciones. _____

3 **Tu turno: Contesta a el email de Luz. Utiliza el espacio de la página 53.**
Your turn: Answer Luz's email. Use the space on page 53.

cuarenta y cinco **45**

5.3 ¿Qué vas a hacer? ¡Vámonos de vacaciones!

1 **La barra de espacio está estropeada en el ordenador de la escritora. Escribe el texto otra vez con los espacios donde pertenecen.**
The space bar is not working on the writer's computer. Rewrite it putting spaces where necessary.

> Laspróximasvacacionesdeverano,esperovisitaramiamigaMarisolqueviveenPerú cercadeCuzco.TengoplanesdevisitarMachuPicchuyellagoTiticaca.Tengoganasde verllamasydecomercevichequesedicequeesmuybueno.

_____
_____
_____
_____

2 **¿Quién dice cada frase? Escribe el nombre en el espacio.**
Who says what? Write the name in the space provided.

1. Durante mis vacaciones en California <u>me encantaría</u> hacer surf y hacer vela.   _Eduardo_
2. Las próximas vacaciones de verano <u>voy a</u> ir a la playa con mis amigas y me encantaría hacer surf. También <u>tengo ganas de</u> ir de compras.   _____
3. Cuando tenga dinero, <u>me gustaría</u> ir a Egipto, alojarme en un hotel muy caro y montar en camello.   _____
4. Las próximas vacaciones, <u>espero</u> viajar a París con mi amigo. No me gusta el autobús, <u>tengo planeado</u> viajar en avión.   _____

3 **¿Qué dicen los demás? En la página 53, escribe las frases utilizando las expresiones subrayadas en el ejercicio 2.**
What do the other three say? On page 53, write sentences using the expressions underlined in exercise 2.
Ejemplo Nombre: _____ Las próximas vacaciones de verano me encantaría …

46 cuarenta y seis

5.4 ¿Qué hiciste? — ¡Vámonos de vacaciones!

1. Empareja los dibujos con sus descripciones. *Match the pictures to their descriptions.*

Tomé muchos helados. _____ _____

_____ Tomé muchos helados. _____

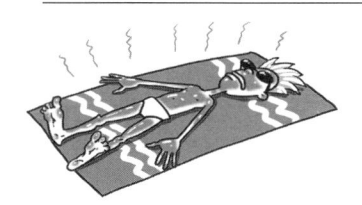

Me alojé en casa de mis abuelos.   Tomé un barco.   Buceé en el mar.
Tomé el sol en la playa.   ~~Tomé muchos helados.~~   Alquilé una bicicleta.

2. Observa detalladamente y contesta a las preguntas de Alberto. *Observe closely and answer Alberto's questions.*

¡Hola Lupe! ¿Qué tal?

¿Alberto? ¡Qué alegría! Estupendo, acabo de volver de vacaciones.

¿Adónde fuiste?

¿Dónde te alojaste?

¿Cuántos días estuviste allí?

¡Qué suerte! ¿Qué hiciste además de visitar el parque?

Parecen unas buenas vacaciones. ¿Adónde te gustaría ir el año que viene?

3. Escribe un párrafo sobre tus últimas vacaciones en la página 53. Contesta a todas las preguntas de Alberto.
Write a paragraph about your last holiday on page 53. Answer all of Alberto's questions.

5.5 Entre amigos ¡Vámonos de vacaciones!

1 Empareja los dibujos con las definiciones. *Match the pictures with their definitions.*

a  _____   b _____

c  _____   d _Titicaca_

1 **Titicaca** • Es el segundo lago más grande de Sudamérica. Se encuentra a más de 3.800 metros sobre el nivel del mar y se extiende 8.300 km^2 entre Perú y Bolivia.

2 **Uros** • Son unas islas flotantes artificialmente construidas de paja. Se encuentran en el lago Titicaca a pocos kilómetros de la ciudad de Puno.

3 **Cobaya** • Es la delicadeza culinaria de Perú. Las familias crían cobayas que cocinan en ocasiones especiales o cuando tienen invitados.

4 **La Ciudad Perdida** • Es la atracción turística más importante de Perú. En la falda de Machu Picchu son las ruinas incas más famosas de todo el mundo.

2 Completa este diario con los verbos que faltan. *Complete this diary with the missing verbs.*

Viernes, 14 de abril: El vuelo _____ (**durar**) 14 horas. ¡Qué largo!

Domingo, 16 de abril: Ayer llegamos a Lima. La primera impresión no _____ (**ser**) muy buena. Parece una ciudad muy pobre y triste con edificios inacabados. Hoy _____ (**visitar**) el museo de San Francisco y _____ (**comer**) ceviche para el almuerzo.

Martes, 18 de abril: Ayer _____ (**llegar**) a Cuzco, la antigua capital. ¡Es preciosa! Hoy _____ (**viajar**) a Aguas Calientes y desde allí a Machu Picchu.

Viernes, 21 de abril: El miércoles _____ (**ir**) a las islas Uros. Me _____ (**gustar**) mucho la excursión y las islas me parecieron superimpresionantes.

Domingo, 23 de abril: _____ (**llegar**) el final de las vacaciones. ¡Qué lástima!

3 Proyecto de informática:
En la página 53, diseña un itinerario turístico de 10 días en Perú. ¿Qué lugares visitarías? ¿Por qué? Utiliza el Internet para obtener información.
ICT project: On page 53, design a 10- day tourist travel itinerary in Perú. What would you visit? Why? Use the Internet to help you obtain information.

Isla de Amantani
Puerto Maldonado
Selva Amazona
Cuzco
Tambopata

5 Gramática ¡Vámonos de vacaciones!

1 Completa el crucigrama con el infinitivo del verbo correcto.
Complete the crossword with the infinitive form of the correct –ar ending verb.

5 across: V I S I T A R

2 Verbos regulares: pretérito. Completa la tabla.
Regular verbs: preterite tense. Complete the table.

¿Quién?	(comprar)	(visitar)	(bucear)	(alquilar)	(bailar)	(viajar)
yo	compré				bailé	
tú			buceaste			
él/ella/Ud				alquiló	bailó	
nosotros/as		visitamos				
vosotros/as						viajasteis
ellos/as/Uds.	compraron					

3 Escribe estas frases en el pretérito. *Rewrite these sentences using the preterite tense.*

1 Voy a comprar recuerdos para mis hermanos. — Compré recuerdos para mis hermanos.
2 Voy a bucear cerca de la playa.
3 Mi hermano y yo vamos a bailar en la discoteca.
4 Mis tíos van a ir a Nasca de vacaciones.
5 Mi padre va a visitar Machu Picchu.
6 Tú no vas a viajar en avión.
7 Tu familia va a alquilar un coche para las vacaciones.
8 Voy a cantar karaoke por las noches.
9 Vamos a nadar en la piscina del hotel.
10 Se van a alojar en un camping cerca de la playa.

5 Reto ¡Vámonos de vacaciones!

1 Descifra el código. ¿Qué dice Dalí?
Break the code. What does Dalí say?

¡Njt vllujnbt wbchbchjpñft gvfspñ gfñpnfñbllft!

español = ftqbopll

¡ _ _ _   _ _ _ _ _ _ _
_ _ _ _ _ _ _ _ _ _
_ _ _ _ _ _
_ _ _ _ _ _ _ _ _ _ _ _ !

A B C CH D E F G H I J K L LL M N Ñ O P Q R S T U V W X Y Z

2 ¿Sabes escribir las preguntas de esta entrevista?
Can you write the questions for these interview answers?

1 ¿Adónde fuiste de vacaciones el verano pasado?
Fui a Tarragona en la Costa Dorada, en España.

2 _____
Fui con mi familia y mi amiga Clara.

3 _____
Fuimos en avión. Sólo tardó dos horas.

4 _____
Nos alojamos en un hotel muy bonito.

5 _____
Hay muchas playas, tiendas, ruinas romanas y el parque Port Aventura está muy cerca.

6 _____
Buceamos, tomamos el sol en la playa, salimos a cenar y fuimos a Port Aventura.

7 _____
Sí, ¡fueron fenomenales! Lo pasé muy bien y Tarragona me encantó.

8 _____
El año que viene me gustaría ir al Caribe.

3 Imagina que eres Patricia. ¿Qué cuenta tu diario sobre tus vacaciones? Escríbelo en la página 53.
Imagine that you are Patricia. What does your diary say about your holiday? Write a paragraph on page 53.

Perú
Uros Islands
Lake Titicaca ✔ ✔ ✔
Machu Picchu
Shopping

With three friends
14 hour flight – boring
Fortnight

Sunbathing
Hiring bikes
Snorkelling
Learning Spanish

Next year with friends to Paris

50 cincuenta

Vocabulario

¡Vámonos de vacaciones!

Los medios de transporte — Means of transport

el autocar	coach
el avión	aeroplane
el barco	boat
la bicicleta	bicycle
la caravana	caravan
el coche	car
el ferry	ferry
la moto	motorbike
el tren	train

¿Qué hay de interés? — What is there of interest?

Hay…	There is/There are…
un estadio	a stadium
un mercado	a market
un parque temático	a theme park
una piscina	a swimming pool
una playa	a beach
un polideportivo	a sports centre
un puerto	a port
un restaurante	a restaurant
¿Qué se puede hacer en…?	What can you do in…?
Se puede…	You/One can…
Se puede viajar a…	You can travel to…
¿Qué hay…	What is there…
…para relajarse?	…for relaxing /to relax?
…para divertirse?	…for having fun / to enjoy yourself?
…para visitar?	…to visit?
¿Qué se puede comprar?	What can you buy?
Merece la pena.	It's worth it.

Las vacaciones pasadas — Past holiday

¿Adónde fuiste?	Where did you go?
Fui a…	I went to…
¿Con quién fuiste?	Whom did you go with?
Fui con…	I went with…
¿Cómo fuiste?	How did you travel?
Fui en…	I went by…
¿A qué fuiste?	What did you go there for?
Fui a…	I went there to…
¿Cuánto tiempo pasaste allí?	How long did you go for?
Pasé allí dos semanas.	I was there for two weeks.
¿Adónde fuiste?	Where did you go?
Fui a…	I went to…
¿Con quién viajaste?	Whom did you travel with?
Viajé con…	I travelled with…
¿Dónde te alojaste?	Where did you stay?
Me alojé en…	I stayed in…
¿Qué visitaste?	What did you visit?
Visité…	I visited…
¿Qué hiciste?	What did you do?
Hice muchas cosas.	I did lots of things.
nadar	to swim
Nadé.	I swam
Tomé el sol.	I sunbathed.
Tomé un helado.	I had an ice-cream.
Tomé un barco.	I took a boat.
alquilar	to hire
Alquilé una bicicleta.	I hired a bike.
bucear	to go snorkelling
Buceé.	I went snorkelling.
bailar	to dance
Bailé.	I danced.
pasear	to walk
Paseé.	I went for a walk.
comprar	to buy
Compré…	I bought…
¿Qué tiempo hacía?	What was the weather like?
Hacía calor.	It was hot.
Hacía frío.	It was cold.
Hacía buen tiempo.	The weather was good.
Hacía mal tiempo.	The weather was bad.

Las próximas vacaciones — The next holiday(s)

¿Qué vas a hacer en las próximas vacaciones?	What are you going to do on your next holiday(s)?
Voy a…	I am going to…
Tengo ganas de…	I look forward to…
Me encantaría…	I would love…
Me gustaría…	I would like…
Espero…	I hope…
Tengo planeado…	My plan is…

5 Ya sé... checklist

¡Vámonos de vacaciones!

See page 12 of this book for advice on using the checklist.

Learning objectives	Check	Prove it!
I can ask and say what there is of interest in a town/city.	☐ ☐	*Tell your partner what there is of interest in your home town or a town in Spain.*
I can say what there is in a town for enjoying yourself, for relaxing and for visiting.	☐ ☐	*Get your partner to test you.*
I can ask and answer about past holidays using the verb *ir* in the preterite tense.	☐ ☐	*Get your partner to test you.*
I can ask and answer about future holiday plans using new expressions.	☐ ☐	*Get your partner to test you.*
I can say what I would like to do for my next holiday.	☐ ☐	*Get your partner to test you.*
I can ask and answer about holidays in the past using regular *–ar* verbs in the preterite tense.	☐ ☐	*Get your partner to test you.*
I can say what I did during my holidays and ask others.	☐ ☐	*Get your partner to test you.*

52 *cincuenta y dos*

5 Para escribir

¡Vámonos de vacaciones!

6.1 ¿Cómo son?   El intercambio

1 Mira la familia de Luis. Empareja las frases con las personas.
Look at Luis's family. Match the sentences with the people.

1. ☐ Es alta y guapa. Es una persona cariñosa.
2. ☐ Es viejo pero muy activo. Creo que es simpático.
3. ☐ Es inteligente y le gusta mucho leer. Es delgada.
4. ☐ ¡Es feo! También es joven y deportista.
5. ☐ Es una persona divertida. Es bajo y un poco gordo.

2 Completa el texto sobre tu profesor(a) ideal. *Complete the text about your ideal teacher.*

Mi profesor(a) ideal es _____ y _____ . Es una persona _____ y _____ . No es _____ . Le gusta _____ pero también _____ .

joven	viejo/a	alto/a	bajo/a	guapo/a	activo/a
organizado/a	serio/a	divertido/a	simpático/a	eficiente
impaciente	inteligente	deportista	trabajador(a)

3 Tu abuela quiere regalarte algo. ¿Qué escoges y por qué? Completa la frase.
Your grandmother wants to give you a present. What will you choose and why? Complete the sentence.

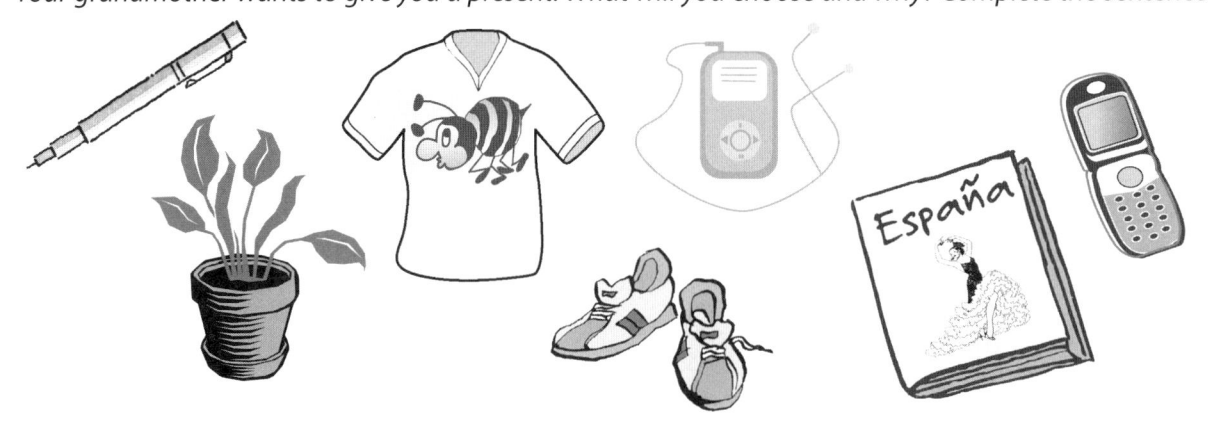

Mi abuela me va a comprar _____ porque soy _____ y me gusta(n) _____ .

4 Escribe unas frases sobre uno/a de tus profesores en la página 63. Tu compañero/a tiene que adivinar quién es.
Write a few sentences about one of your teachers on page 63. Your partner has to guess who it is.

54 *cincuenta y cuatro*

6.2 Mi casa es tu casa — El intercambio

1 Empareja las situaciones con las soluciones. *Match the situations with the solutions.*

1. No hay nada de comer en la casa.
2. Es el cumpleaños de mi madre.
3. Vamos a hacer una fiesta hoy.
4. No tengo los libros necesarios para los deberes.
5. Los amigos españoles llegan mañana.

a. Hay que comprarle flores.
b. Necesito hacer las camas.
c. Tengo que ir a la biblioteca.
d. Hace falta ir al mercado.
e. Debería colgar globos.

2 La cocina está muy desordenada pero tienes que salir. Completa la nota para tu hermano.
The kitchen is very untidy but you have to go out. Complete the note for your brother.

¡Hola, Enrique!
Tengo que ir a la biblioteca. ¿Puedes _____ la cocina? Hay que _____ _____ y también _____ lavar la ropa.
Necesitas _____ _____ y después _____ sacar las cajas.
Luego puedes _____ _____ _____ si tienes tiempo. ¡Gracias!
Un abrazo,
Daniela

3 Escribe preguntas apropiadas en los globos.
Write appropriate questions in the speech bubbles.

1. _____ — ¡Muy largo!
2. _____ — No, gracias. Comí algo en el viaje.
3. _____ — Sí, me hace falta un bolígrafo.
4. _____ — Sí, estoy muy cansada.

6.3 Conocer a los amigos — El intercambio

1 Tienes un mensaje en el contestador automático pero algunas palabras no están claras. ¿Puedes completarlas?
You have a message on the answer phone but some of the words aren't clear. Can you complete them?

> ¡Hola! Soy Esteban. Te _ _ _ _ o para preguntar si q u _ _ _ _ _ _ venir a mi casa esta tarde. Vamos a _ _ _ un DVD y d e _ _ _ _ _ _ comer pizza. ¿Qué _ _ _ _ s a s? Es una película de acción y sé que n o r _ _ _ _ _ _ _ _ _ te g _ _ _ _ _ _. José y Carla ya están ¡y dicen que tienes que venir r á _ _ _ _ _ _ _ _ t e! Hasta luego.

2a Completa el texto con con adverbios apropiados de la casilla. Sobran algunos.
Complete the text with the appropriate adverbs from the box. There are more than you need.

Entiendo los españoles cuando hablan _____.
_____ pocos españoles hablan _____.
Pero entiendo si escucho _____. Es difícil cuando alguien habla muy _____ pero _____ entiendo un poco.

normalmente	generalmente	realmente	rápidamente
lentamente	desafortunadamente	claramente	bien mal

2b Escribe el texto de 2a en inglés en la página 63. *Write the text in 2a in English on page 63.*

3 Escribe frases. Utiliza la tabla para ayudarte. *Write sentences. Use the grid to help you.*

Quiero	comer	
	conocer a	
	escuchar	
¿Quieres…?	ir	
	leer	
	ver	

56 *cincuenta y seis*

6.4 Gracias... lo pasé bomba — El intercambio

1 Lee las postales y contesta a las preguntas.
Read the postcards and answer the questions.

1 Who is having mixed weather? _____
2 Who doesn't like English food? _____
3 Who had a good day yesterday? _____
4 Who is not enthusiastic about the plans for tomorrow? _____
5 Who has met some people she likes? _____
6 Who saw an English film? _____

¡Hola, mamá!
Me gusta mucho estar aquí en Inglaterra. Hace mucho calor. Ayer fuimos a la piscina y después comimos pizza. Lo pasé bomba. Lo mejor fue que conocí a todos los amigos de Emma: son muy simpáticos. Mañana vamos a visitar un museo interesante.
Un abrazo,
Jacinta

¡Hola!
Estoy bien aquí en Inglaterra. Hoy llovió pero Samantha dice que mañana va a hacer buen tiempo. Por la tarde fuimos al cine pero no me gustó la película. Prefiero las películas españolas. Pero después fuimos a comer un helado en una cafetería muy bonita.
Un beso,
Valeria

¡Hola a todos!
Aquí estoy en Inglaterra. Hace mal tiempo y no me gusta la comida. Hoy conocí a los amigos de Sarah pero son un poco serios. Fuimos a un parque y no hicimos casi nada. Mañana vamos a ir a un museo. ¡Qué aburrido!
¡Hasta luego!
Clara

2 Completa el texto de la llamada telefónica con los verbos de la casilla.
Complete the text of the phone call with the verbs from the box.

… sí, _____ muy bien. La familia de Chloë _____ muy simpática. Hoy _____ a la ciudad para hacer unas compras y luego _____ comer en un restaurante chino. _____ divertido. Mañana _____ a ir a una fiesta en la casa de una amiga. Ella _____ y _____ con Chloë pero yo no _____ mucho… sí, _____ ir a la playa pero Chloë _____ nadar en la piscina. Ayer _____ al tenis toda la mañana: _____ fantástico…

| decidimos | entendí | es | estoy | fue | fue | fuimos |
| habló | jugamos | llamó | prefiere | quiero | vamos |

3 Describe el día de un estudiante de intercambio a) activo o b) perezoso en la página 63. Usa los textos de arriba para ayudarte. Tu compañero/a tiene que adivinar cuál eres.
Describe the day of an exchange student who is a) active or b) lazy on page 63. Use the texts above to help you. Your partner has to guess which you are.

Ejemplos a Hoy hicimos muchas cosas: fuimos a la ciudad, visitamos un museo y conocí a unos amigos de… Mañana vamos a…
b Hoy no hicimos nada. Nos quedamos en casa y vimos la televisión… Mañana…

6.5 Entre amigos — El intercambio

1. Abajo hay nueve frases sobre la comunicación entre colegios. ¿Puedes buscarlas?
Below there are nine phrases to do with communication between schools. Can you find them?

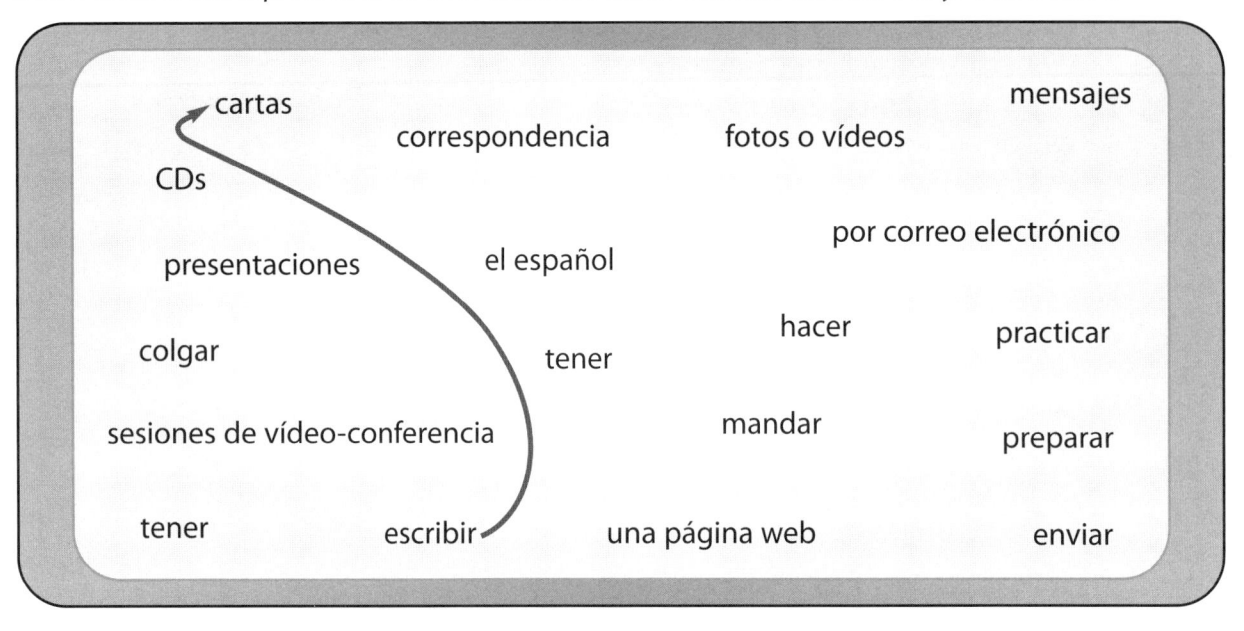

cartas
correspondencia
mensajes
fotos o vídeos
CDs
por correo electrónico
presentaciones
el español
hacer
practicar
colgar
tener
mandar
sesiones de vídeo-conferencia
preparar
tener
escribir
una página web
enviar

2. Mira las formas de comunicación del ejercicio 1. ¿Cuál te parece mejor?
Which form of communication do you think is better? Write sentences.

Me gustaría _____
 porque _____
No me interesa _____
 porque _____

3. Escribe unas frases para enviar por correo electrónico para presentarte, tu colegio y tu región.
Write a few sentences to send by email to introduce yourself, your school and your region.

6 Gramática — El intercambio

> **Flashback**
> In the preterite, regular **-er** and **-ir** verbs have the same endings:
> **-í, -iste, -ió, -imos, -isteis, -ieron**.

1a Escribe los siguientes verbos en inglés. *Write the following verbs in English.*

1 entendimos _____   4 conocisteis _____

2 preferí _____   5 bebiste _____

3 decidieron _____   6 comió _____

1b Escribe seis frases. Cada una tiene que contener uno de los verbos de 1a.
Write six sentences. Each one should contain one of the verbs in 1a.

1 _____
2 _____
3 _____
4 _____
5 _____
6 _____

2 En la página 63, escribe en el pretérito sobre el primer día del intercambio de Angela. Utiliza los verbos de abajo.
On page 63, write in the preterite about Angela's first day on the school exchange. Use the verbs below.

| beber | comer | conocer | entender | ir | ver |

Ejemplo Llegué a la casa de Sarita y...

cincuenta y nueve 59

6 Reto — El intercambio

1a Lee los dos emails. Anota las diferencias entre los dos chicos.
Read the two emails. Note down the differences between the two boys.

> ¡Hola, Simon!
> Soy Martín y vivo en Bilbao. Tengo catorce años y soy alto y delgado. Mis amigos dicen que soy una persona seria y trabajadora. Me gustan mucho los deportes, sobre todo el fútbol. A veces voy al cine pero prefiero ver la televisión. Mi programa favorito es las noticias. Voy a visitarte en Inglaterra en marzo. Te voy a comprar un regalo pero no sé qué. ¿Qué te gustaría?
> Tu amigo,
> Martín

> ¡Hola, Martín!
> Gracias por tu email. Vivo en Nottingham con mi familia. Soy bajo y un poco gordo. Tengo quince años. Creo que soy divertido pero también impaciente. No me gustan los deportes pero a veces veo un partido de fútbol en la televisión. Prefiero ir al cine para ver una película de acción. También quiero comprarte algo…
> Un abrazo,
> Simon

Simon	Martín
15	14

1b ¿Qué se van a comprar? Escribe unas ideas.
What are they going to buy each other? Write some ideas.

Martín para Simon: Le va a comprar _____

Simon para Martín: Le va a comprar _____

1c Los dos chicos son muy diferentes. Escribe un email de otro chico inglés que posiblemente se llevaría mejor con Martín.
The two boys are very different. Write an email from another English boy who might get on better with Martín.

60 *sesenta*

Vocabulario — El intercambio

El intercambio — *The exchange visit*
hablar español — *to speak Spanish*
hacer nuevos amigos — *to make new friends*
comer platos españoles — *to eat Spanish food*
escuchar música española — *to listen to Spanish music*
ver la televisión en español — *to watch Spanish television*
dormir en casa de una familia española — *to stay with a Spanish family*
ir al colegio en España — *to go to school in Spain*
viajar en autocar/avión — *to travel by coach/plane*
ir a España — *to go to Spain*
escapar de mi familia — *to escape from my family*

Adjetivos — *Adjectives*
feo/a — *ugly*
guapo/a — *good-looking*
joven — *young*
viejo/a — *old*
alto/a — *tall*
bajo/a — *short*
gordo/a — *fat*
delgado/a — *thin*
grande — *big*
pequeño/a — *small*
activo/a — *active*
afectuoso/a — *affectionate*
cariñoso/a — *affectionate*
deportista — *sporty*
divertido/a — *fun*
eficiente — *efficient*
impaciente — *impatient*
inteligente — *intelligent*
organizado/a — *organized*
serio/a — *serious*
simpático/a — *nice*
trabajador(a) — *hard-working*

Regalos — *Presents*
un bolígrafo — *a pen*
una camiseta — *a T-shirt*
un CD — *a CD*
un ipod — *an iPod*
un libro de cocina — *a recipe book*
un móvil — *a mobile phone*
una planta — *a plant*
una revista — *a magazine*
un yoyó — *a yo-yo*
unas zapatillas deportivas — *a pair of trainers*

Las tareas — *Jobs*
cocinar — *to cook*
colgar globos — *to put up balloons*
comprar flores — *to buy some flowers*
comprar un regalo — *to buy a present*
hacer la cama — *to make the bed*
ir a la biblioteca — *to go to the library*
lavar la ropa — *to wash the clothes*
lavar los platos — *to wash up*
limpiar la casa — *to clean the house*
preparar la casa — *to get the house ready*
preparar el desayuno — *to get breakfast ready*
sacar la basura — *to put the rubbish out*
sacar las cajas — *to take out the boxes*
tirar las zapatillas deportivas malolientes — *to throw out the smelly trainers*

Obligación — *Obligation*
Necesito — *I need to*
Tengo que — *I have to*
Debería — *I ought to*
Hay que — *It is necessary to*
Hace falta — *It is necessary to*

Expresiones temporales — *Time phrases*
por la mañana — *in the morning*
por la tarde — *in the afternoon/evening*
ahora — *now*
luego — *then, next*
después — *afterwards*
todavía — *still*

Opiniones — *Opinions*
Estuvo genial. — *It was great.*
Fue fantástico. — *It was fantastic.*
Lo pasé bomba. — *I had a great time.*
Lo mejor fue — *The best thing was*
¡Qué guay! — *It was cool!*

6 Ya sé... checklist — El intercambio

See page 12 of this book for advice on using the checklist.

Learning objectives	Check	Prove it!
I can talk about personality and appearance.	☐ ☐	*Get your partner to test you.*
I can talk about buying presents for different people and give reasons.	☐ ☐	*Tell your partner what you would buy for an aunt/uncle.*
I can use indirect object pronouns.	☐ ☐	*Get your partner to test you.*
I can write a letter to introduce myself to a Spanish friend.	☐ ☐	*Get your partner to test you.*
I can say what I need to get done.	☐ ☐	*Get your partner to test you.*
I can talk about when things are going to happen.	☐ ☐	*Get your partner to test you.*
I can ask what a visitor needs.	☐ ☐	*Get your partner to test you.*
I can discuss what people want to do.	☐ ☐	*Get your partner to test you.*
I can recognize adverbs.	☐ ☐	*Get your partner to test you.*
I can express opinions.	☐ ☐	*Get your partner to test you.*
I can use the preterite of regular –er and –ir verbs.	☐ ☐	*Get your partner to test you.*
I can refer to past and future events.	☐ ☐	*Say 'we went to the supermarket' and 'we are going to go to the supermarket'.*

sesenta y dos

© OUP Photocopying prohibited

6 Para escribir

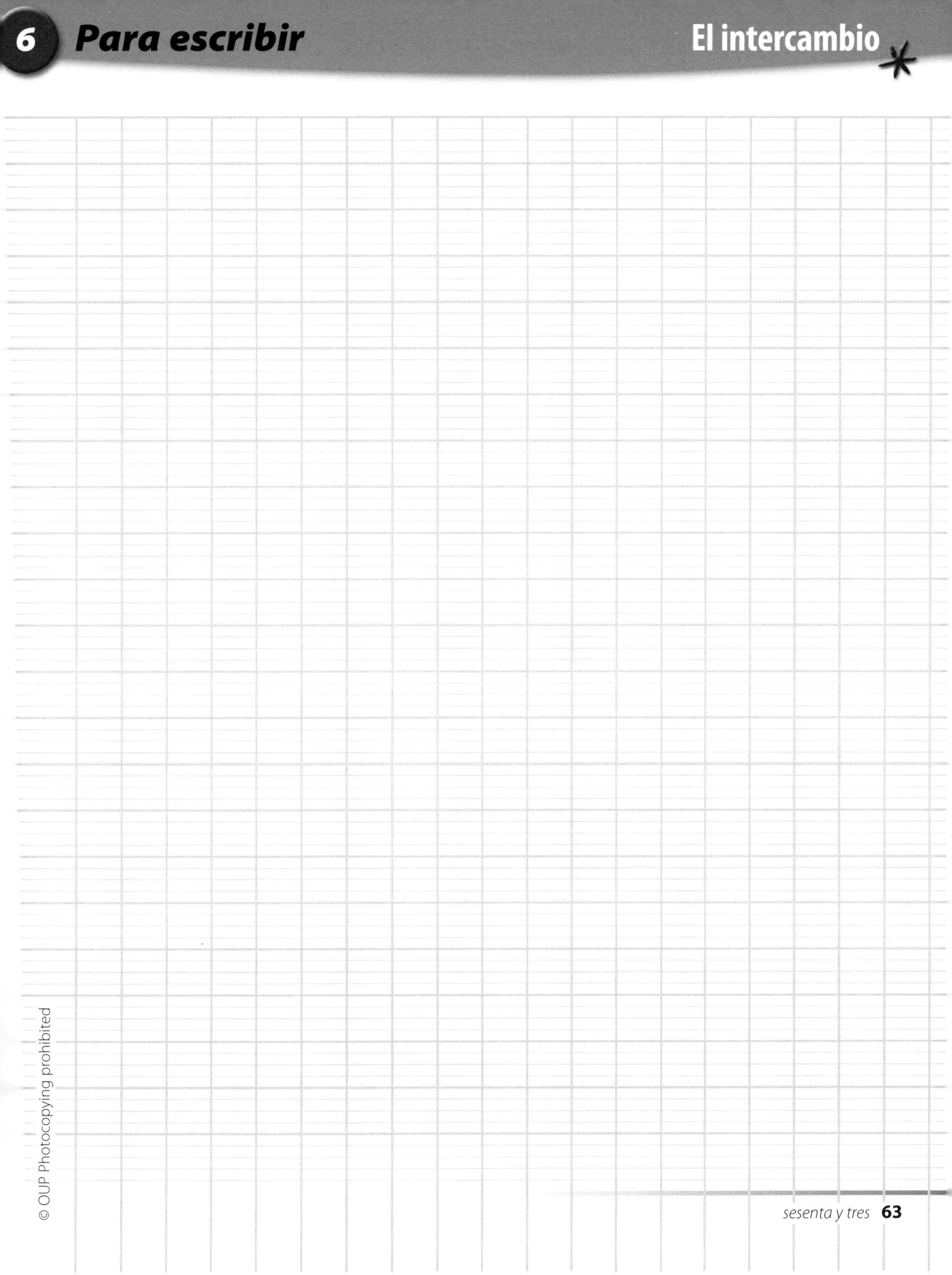

El intercambio

amigos 2

Amigos 2 is the second stage of a motivating, contemporary course for the full range of 11–14. Designed to provide a clear, fully-supported and flexible approach, *Amigos 2* should appeal to all learners.

Amigos 2 covers National Curriculum levels 2–5/6.

Amigos 2 Dos Workbook complements the Students' Book, providing further stretch and challenge for higher attainers. It is ideal for homework and independent classroom study.

This Workbook provides for each unit:

- extra practice for each spread
- grammar practice and consolidation
- a vocabulary list
- a *Ya sé…* checklist for students to assess their own progress

OXFORD UNIVERSITY PRESS

www.OxfordSecondary.co.uk

Orders and enquiries to Customer Services:
tel. 01536 741068 fax 01865 313472
schools.enquiries.uk@oup.com

ISBN 978-0-19-912635-4

9 780199 126354